汉译世界学术名著丛书

凯恩斯的革命

〔美〕劳伦斯·克莱因 著

薛蕃康 译

商务印书馆
创于1897 The Commercial Press

Lawrence R. Klein
THE KEYNESIAN REVOLUTION
First published in English under the title
The Keynesian Revolution (2nd Ed.)
by Lawrence Klein

汉译世界学术名著丛书
出 版 说 明

我馆历来重视移译世界各国学术名著。从 20 世纪 50 年代起，更致力于翻译出版马克思主义诞生以前的古典学术著作，同时适当介绍当代具有定评的各派代表作品。我们确信只有用人类创造的全部知识财富来丰富自己的头脑，才能够建成现代化的社会主义社会。这些书籍所蕴藏的思想财富和学术价值，为学人所熟悉，毋需赘述。这些译本过去以单行本印行，难见系统，汇编为丛书，才能相得益彰，蔚为大观，既便于研读查考，又利于文化积累。为此，我们从 1981 年着手分辑刊行，至 2020 年已先后分十八辑印行名著 800 种。现继续编印第十九辑，到 2021 年出版至 850 种。今后在积累单本著作的基础上仍将陆续以名著版印行。希望海内外读书界、著译界给我们批评、建议，帮助我们把这套丛书出得更好。

商务印书馆编辑部

2020 年 7 月

中译本序言

(一)

本书作者劳伦斯·克莱因(1920—)[①]是目前西方经学学界的权威人物之一,为美国主要凯恩斯主义者,保罗·萨缪尔森的门徒。除了本书以外,克莱因的研究主要在于计量经济学方面。他的著作包括《计量经济学教科书》(1953年),《计量经济学介绍》(1962年)以及其他有关这一方面的著作和文章。他曾任许多外国公私机关的顾问,计量经济学会会长,现任《国际经济评论》编辑和美国宾夕法尼亚大学经济学教授。他也编制了几个计量经济学模型,其中包括美国沃顿商学院计量经济模型。

凯恩斯的《就业、利息和货币通论》(以下简称《通论》)出版以来,资产阶级经济学界流行着"凯恩斯的革命"的说法,本书是持有这种论点的一本有代表性的著作。在本书中,克莱因脱离了现实的历史条件而强调凯恩斯的理论与以马歇尔为代表的传统庸俗经济学之间的分歧。按照克莱因的说法,从这些分歧中,可以看出,凯恩斯的理论是资产阶级经济思想上的一次"革命"。他写道:"简单古典体系(指以马歇尔为代表的传统庸俗经济学——引者)与凯恩斯简单模型之不相容清楚地表明革命意味着什么"。[②] 克莱因

---

① 克莱因于2013年去世。——译者注

② 本书第86页。

的意思不外乎是:凯恩斯的理论矫正了传统庸俗经济学的缺点,因此,经过"凯恩斯的革命",传统的庸俗经济学已经成为一套比较合乎现实的科学理论。

事实并非如此。传统的庸俗经济学和凯恩斯主义都是有利于资本主义制度的理论。凯恩斯虽然对传统庸俗经济学作了重大的修改和补充,然而,修改和补充的目的不过是为了使资产阶级经济学能够适合历史条件的变迁,使它在新的历史条件下,能够继续产生有利于资本主义制度的作用。凯恩斯主义与传统庸俗经济学的分歧仅仅反映着历史条件的变迁,决不意味着现代资产阶级经济学已经改变了它的庸俗性质。

庸俗经济学的边际效用学派在十九世纪七十年代得到显著的发展。自此以后,它在许多国家的资产阶级经济学界逐渐取得了重要的地位。特别在英美二国,以马歇尔为代表的边际效用论长期地统治着资产阶级经济学界,成为它的正统思想。边际效用学派人物的主要目的在于反对马克思主义政治经济学。例如,他们用主观唯心的效用论来代替劳动价值论,企图掩盖资本主义的剥削实质。在马歇尔等人的笔下,资本主义成为一个可以自行调节的机器,不但能使每一个人得到最大的满足,而且还能自行解决其种种矛盾,因此,根据马歇尔等人的理论,资本主义不会发生严重的、经常性的失业问题。这种说法把资本主义美化为一个永恒的理想社会。

随着国家垄断资本主义的发展,垄断资本日益为甚地利用资本主义的国家机器来干预经济生活,以便保证其高额利润和政治上的统治地位。处于这种情况下,资本主义制度仍然欢迎庸俗经济学对它的颂扬，但是，仅仅歌颂这一制度已经不能完全满足它在经济理论上的需要。除了歌颂的内容以外，垄断资本家还需要一套理论来支持他们利用资本主义的国家机器来干预经济生活的政策。同时，特别在1929年以后，严重和经常性的失业使得传统庸俗经济学的关于失业问题的说法彻底破产，很难在宣传上发生作用。垄断资本家也需要一套新的理论来掩饰严重的、经常性的失业问题。

凯恩斯于1936年出版的《通论》正好迎合了上述需要。在该书中，他宣称：资本主义的自发作用不能保证“充分就业的均衡”，因此，资本主义国家必须执行干预经济生活的政策，以便解决失业问题。换句话说，只要执行干预经济生活的政策，资本主义国家依然是传统庸俗经济学所颂扬的那个理想社会。这样，凯恩斯的学说不但维护了传统庸俗经济学对于资本主义制度的颂扬，而且也为有利于垄断资本的国家干预经济生活的政策制造了理论根据。由此可见，凯恩斯主义之所以流行于资本主义世界是意料之中的事情。

根据上述的分析，凯恩斯对于传统庸俗经济学的修改与补充不过使传统庸俗经济学能够适应历史条件的变化，从而，二者在理论上的分歧并不意味着现代资产阶级经济学已经改变它的庸俗性质。在《通论》出版后四十余年的今天，由于历史条件的再次变迁，一度成为现代资产阶级经济学的“圣经”的《通论》也不能完全适合资本主义的需要。现代资产阶级经济学正处于修改和补充之中，甚至处于推翻《通论》的过程之中。这一事实也可以说明：“凯恩斯的革命”仅仅在某种程度上改变了现代资产阶级经济学的说法，却没有改变它的庸俗性质。

除了“凯恩斯的革命”的说法以外，本书也持有其他的错误论点。特别应该指出的是，本书认为：马克思与凯恩斯都使用资产阶级经济学家所说的“总体分析”，[①]因此，“总体分析”似乎是马克思与凯恩斯的“共同点”。然而，实际上，在马克思分析资本主义经济时所用的总量中，都具有极为鲜明的阶级内容。这是和凯恩斯的抽掉阶级内容的“总体分析”迥然不同的。此外，本书武断地把“马克思体系”总结为五种关系[②]，甚至毫无根据地把马克思的《资本论》当作凯恩斯《通论》的前驱之一。[③] 这些说法显然都是错误的。

（二）

上面曾经说过，传统庸俗经济学把资本主义制度说成是一架可以自行调节的机器，能够自行解决其种种矛盾。根据这种说法，资本主义制度不会发生严重的、经常性的失业问题。为了使资产阶级经济学能够适应历史条件的变迁，凯恩斯修改了传统庸俗经济学关于失业问题的说法。

凯恩斯的这种修改和补充使他不得不对传统庸俗经济学的工资论、储蓄和投资论、利息论以及其他方面作出相应的修改与补充。这些修改与补充也就是资产阶级经济学家所说的凯恩斯与传统庸俗经济学之间的分歧。

① 见本书第140页。
② 见本书第143页。
③ 见本书第五章。

《通论》出版以后,资产阶级经济学界曾经涌现出大批的著作来解释凯恩斯与传统庸俗经济学之间的分歧。为了对分歧加以解释,本书收集了非常丰富的资料,其中某些资料目前在我国是难于得到的。此外,本书对分歧的见解代表着当前资产阶级经济学界极为流行的意见。事实上,许多对《通论》的解释来自本书。就这些方面而论,本书对于研究凯恩斯经济思想的来源和后果是一本重要的参考著作。

高鸿业

1980 年 6 月于人民大学

目　　录

前　言

在已故凯恩斯勋爵的经济理论中，哪些部分是主要的？哪些部分是次要的？为了获得凯恩斯经济学信徒们通常提出的那些理论上的结论，必须作出哪些最低限度的假设？《就业、利息和货币通论》这本革命的著作是怎样从凯恩斯的早期写作中发展出来的？凯恩斯的理论在什么程度上受到较早的作家学说的影响？它与古典经济学理论相比较有何不同？凯恩斯及其信徒的经济理论与经济政策之间有什么关系？凯恩斯派所主张的政策措施会不会导致社会主义，或是他们的目的只在尽力保存资本主义？这些就是本书企图回答的主要问题。

本书把凯恩斯的理论视为革命的学说，是因为它所提出的理论上的结论和在它发展时期所流行的一些经济思想截然不同。此处所说的"革命"是指思想上的革命，而不是政府的经济政策的革命。前六章论述这一理论的发展及分析其涵义。最后一章就凯恩斯理论对经济及社会改革的力量所发生的影响作一评价。

《凯恩斯的革命》的对象为各种不同的读者。非职业的经济学者可读以下诸章：第一章（除最后一节的一部分外）、第二章、第五章论述经济理论的发展，第三章论述凯恩斯体系的结构，第三章及第六章论述应用凯恩斯的理论分析通货紧缩与通货膨胀问题，第七章论述这一理论对经济政策的实际影响。所有这些概念均用非技术的语言表述。至于职业经济学家,除了外行会感到兴趣的那些部分而外,可读第一章,其中有一节对《货币论》的理论作了技术的分析;第三章,其中有一节对凯恩斯与古典作家作了比较;第四章,本章企图弄清楚关于利率、储蓄和投资方程式,以及降低工资对失业的影响等问题的争论,最后有一附录演绎了凯恩斯经济学的数学方法。外行的读者跳过某些这种技术性的讨论并无妨碍,但本书的其余部分对未受过经济理论正式训练的读者是完全可以理解的。本书的编写计划是大部分主要问题均用简单的语言说明,使外行在经过细心思索之后即可理解。不过,坦率地说,此书意不在成为一本"对外行谈凯恩斯"的书。这是一个应当另外考虑的题目。

本书材料的大部分原包含在著者1944年在马萨诸塞州理工学院(Massachusetts Institute of Technology)做五月研究生(May Fellow)期间所写的一篇博士论文内。不过,原作写成后两年间业经大加修订,冀使它更易为一般读者所理解,当然也希望这不至于不适当地牺牲它的学术水平。此外,最后一章包含了原作所没有的材料。这一章论及经济政策问题,主要是为一般读者而写,目的是把抽象的议论与我们现在所面临的具体问题联系起来。

有很多人都和著者的智能发展相关,他们的教导使得本书所论述的概念得以产生。已故的斯特鲁恩·罗伯逊(Struan T. Robertson)首先使著者对凯恩斯的著作发生兴趣,威廉·弗纳(William Fellner)及诺曼·布卡南(Norman S. Buchanan)二教授则使著者相信研究经济问题之有用。但本书之写作,从保罗·萨缪尔森(Paul A. Samuelson)所得到的启发最大。萨缪尔森教授的讲课首先给著者指出了凯恩斯经济学真正主要各点。如果本书的意见对经济思想可认为有任何贡献的话,应归功于保罗・萨缪尔森。当然,书中的任何错误都应由著者负责。

许多朋友和同事都阅读了原稿并提出了重要的建议与批评。他们是毕晓普(R. Bishop),勃朗(D. V. Brown),兰吉(O. Lange),雷迪启(J. Letiche),林特纳(J. Lintner),马拉诺斯(G. Malanos),马姆(F. T. Malm),马斯契克(J. Marschak),迈尔斯(C. Myers),帕亭金(D. Patinkin)及蒲(S. Pu)。马萨诸塞理工学院工业关系组的比阿特里斯・罗杰斯小姐对编写原来的论文给了很大的帮助。

以下单位允许著者摘引它们的出版物,谨向它们表示谢忱:银行出版公司,自由经济出版公司,哈考特・布瑞斯公司,伦敦经济及政治科学学院,麦克米伦公司,罗纳德出版社,《美国经济评论》,《经济学家杂志》,《新共和杂志》,《经济季刊》及《经济统计评论》。

第一章　作为古典经济学家的凯恩斯

凯恩斯始终是个古典经济学家，在读本书时应当常记住这一点。本书虽有相当多的篇幅专门谈到凯恩斯的态度与古典学说有重要分歧之处，但是经济学家们都知道，要摒绝早期所得到的印象是几乎不可能的事，特别是这些印象如已深入脑际达二十年之久或者更多的时间，弃之更属不易。凯恩斯只是在经历了几年世界经济大恐慌之后，方始能够与若干标准的学说决裂。本章将仔细地考察凯恩斯所支持的那些经济理论与政策(就凯恩斯来说，这一方面很重要)，以使我们能对三十年代初期以前在凯恩斯心中酝酿的理论的发展获得一个清楚的概念。

战前世界的凯恩斯

凯恩斯之享大名，乃在凡尔赛和约以后，此时他开始发表他的理论体系，他对经济政策的独创的贡献即以此体系为基础。但他自己 1911 年在一篇关于欧文・费希尔(Irving Fisher)教授的《货币的购买力》的书评中曾指出，[1]英国的货币理论在当时主要还是

---

① 见《经济季刊》(*Economic Journal*)，第 21 卷，1911 年，第 393 页。

一种口述的传统——剑桥的口述传统，英国经济学家所支持的理论还没有广泛地在出版物中记述下来。不过，他在那时曾提到一篇他认为是李嘉图(Ricardo)以来货币理论方面最好的著述，此即马歇尔(Marshall)在金银委员会及印度货币委员会前的作证。凯恩斯的这一评论完全表明他是一个浸透着古典传统的人。许多年以后他才开始怀疑这些最初的理论上的看法。

凯恩斯的专门事业开始于他的内容充实的一本著作:《印度的货币与财政》(*Indian Currency and Finance*)，[①]此书甚得他的同事的好评，但丝毫没有预示出他以后的才华和睿智。今天有许多经济学家喜欢说，凯恩斯从一开头就越出了正统的说法，因为在此书中他曾主张采用管理货币。实际上他的关于印度应采用金汇兑本位的政策建议是根据简单的古典分析得来的，并未引起他的同时代的正统派同事的严重诘难。简单地说，此书建议在印度设立一中央银行，集中黄金准备，以便在紧急时期应付非常的货币枯竭。他认为这一计划较之使用严格的金本位更能使印度的货币获得较大的稳定。当时常有人说西方国家使印度成为世界过剩黄金的消纳处所，使这些国家为抵制通货膨胀性的价格波动找到一个非常好的缓冲办法。这就直接导致印度的价格波动和货币投机。对于信奉货币数量学说的受过古典学派理论熏陶的经济学家来说，上述结论当然是显而易见的。凯恩斯基本上是想为印度寻求价格稳定之道，他利用了相当正统的分析方法来支持他的稳定计划。不论这种献策是不是一种最正统的计划，凯恩斯的经济分析

① 伦敦麦克米伦公司出版，1913年。

无疑纯然是从古典学说中演绎出来的。

在战争年代，这位多产作家却保持缄默，这是十分令人惊奇的。在战争开始时，凯恩斯以经济学家的身份任职于英国财政部，研究法国财政问题，特别是有关赔款的问题。他在这时期发表的论著都很保守，全无创见。他评论过一些论述德国战时经济的德国出版物，又写出一些关于危急时期货币市场动态和银行制度的文章，但对于通货膨胀，战争的实际费用等一些在当时非常重要的问题的讨论，他并没有作出任何重要的贡献。

凡尔赛和约

但在1919年，凯恩斯以其流畅之笔，分析了凡尔赛和约，[①]顿时不胫而走，受到经济学家及一般公众的注意。像以后一样，凯恩斯以洋洋洒洒的笔调论述当前时代的重要问题，在此书中他提出的重要问题是：条约的条款在经济上是否能证明为正确？并特别提出，德国偿付的能力限度是什么？对于此书的大部分及其续集，我们的兴趣都不大，因为它们对本章所讨论的关于凯恩斯的理论体系问题并没有提供多少论证。不过，凯恩斯在《和约的经济后果》中，专门有一章讨论到第一次世界大战以前的经济过程。在这一章中，凯恩斯带着沉痛的怀古心情回顾了战前的经济制度。在这个制度下，贸易没有障碍，投资机会无限，资本积累，人口增加。

① 凯恩斯：《和约的经济后果》(*The Economic Consequences of the Peace*)，伦敦麦克米伦公司出版，1919年。

对任何古典经济学家来说，这一时期是资本主义的黄金时代，而战后日益增加的限制和垄断方式则并不显得是一种美妙的前景。从书中引出几句就可以看出他是怎样看战前的景象的：

在1914年8月告终的那一个时期，在人类的经济进步方面是一个多么不平常的时期！①

欧洲在社会方面和经济方面都组织得很好，足以使资本得到最大限度的积累。②

对国界和关税的干涉都被减少到最低限度。③

对这一经济上的黄金时代的分析是十分令人发生兴趣的，特别与后来的《就业、利息和货币通论》中的观点比较时使人有这种感觉。凯恩斯那时认为通过资本主义收入分配所固有的不均等可以达到高水平的投资和由此而引起的资本储备的增长。事实上这种不均等是凯恩斯为资本主义制度辩护的理由。富人有超额收入，可以储蓄，并进行有利的投资。因为富人明智，节制消费，才使资本积累有可能达到很大的数额。但关于这一分析，重要的一点是，对于这一向前发展的经济增长，凯恩斯只看到有两种可能的障碍：(1)人口可能增长太快，超过积累的增长，(2)战争可能消耗掉资本的储备。他在这时毫不担心会缺少能抵消从资本主义收入分配中产生的储蓄的有利的投资机会，而投资机会的缺少会导致可能的高水平的失业。虽然凯恩斯以他的许多预言得名，但他却未

① 凯恩斯：《和约的经济后果》，第11页。

② 同上书，第18页。

③ 同上书，第15页。

能预言英国二十年代的经济停滞,因为他的分析中古典学派的气息太浓了。

战后的失调

战后经济的灾难在好几年间刺激了凯恩斯的写作。他想弄清楚的问题是:(1)通货膨胀与通货紧缩;(2)金本位与货币管理(有时称为汇兑的稳定与价格的稳定)。第一个问题对我们很重要,理由是:虽然凯恩斯一贯赞成价格稳定,[①]但如果经济失调要通过价格控制来调整,则他总是赞成通货膨胀而反对通货紧缩。这种偏向于通货膨胀的看法对理解他的《通论》的大部分论点都很重要。他对这一问题的说法是:

> ……在一个变得穷困的世界里,引起失业比之使食利阶级失望更要坏些。[②]

这一观念是他的另一更为重要的概念——在资本主义之下高水平的投资活动对经济进步是必要的——的一部分。虽然投资者宁愿价格稳定,但他们会认为价格上升对商业活动是一种刺激,而通货紧缩则对投资与企业是一种障碍。价格上升会给企业带来意外的利益,从而提高了潜在投资者的预期,这对促进高水平的收入与就业是一个必要的刺激。但是必须承认,决定投资水平的远不

---

① 他的这种看法至少可以远溯至他的《印度的货币与财政》。

② 《货币改革论》(*A Tract on Monetary Reform*),纽约哈考特·布瑞斯公司1924年版,第44—45页。

止价格预期这一因素，在这一方面凯恩斯早期的分析比较软弱。直到投资机会下降到远低于二十年代达到的水平时，方使凯恩斯认识到其性质之复杂以及为使经济体系得到恢复采取有力措施之必要性。不过，我们必须记住凯恩斯总是赞成稍许的通货膨胀，他所持的理由与促进投资不无关系。凯恩斯赞成通货膨胀和反对通货紧缩的另一理由为通货膨胀的进行是以食利阶级为牺牲的。食利阶级在经济上是一个不活动的阶级，凯恩斯常常希望消除这一阶级。他认为通货紧缩会使财富从活动的阶级转移到不活动的阶级（即食利阶级）。这一态度可以说明他对决定法郎水平问题的兴趣与活动。在《致法国财政部长的公开信》①中，凯恩斯论称，法郎的水平将决定于纳税人愿将多少收入转移给食利阶级。他认为宁可减少食利阶级的权利要求，而不要增加赋税负担。财政部长可以采取三种办法中之一：资本课税，降低利率或提高价格。在这三种方案中，凯恩斯推荐带有通货膨胀性质的提高价格的办法，他认为这是解决法国货币问题最得策的办法。

对价格稳定的愿望是和马歇尔的学说相一致的。马歇尔也希求稳定，因为他了解价格波动对社会各个阶级可能引起的不幸。他指出价格的升降对生产者预期以至对产量水平的影响。马歇尔特别注意到，工资比之价格更不易变动，因之工人吃亏而雇主得利。他关于与价格相关的工资的变动的意见对于凯恩斯后来的著作有些影响。总的讲来，马歇尔害怕极端的和经常的波动所产生

① 《劝说集》(*Essays in Persuasion*)，纽约哈考特·布瑞斯公司1932年版，第105页。

的后果，而一贯主张适度的价格变动。

货币单位的贬值与紧缩问题为上述通货膨胀与通货紧缩问题中很重要的一个部分，而当时人们是以关于金本位的争论的精神来考虑它的。这一问题可以这样来提：英国是否应当在不论何种本位上都把它的货币价值确定在现有的战后汇率上，或是应当通过通货紧缩的过程回复到战前的英镑价值水平？第二，货币制度的建立是否应以达到国内价格水平稳定或外汇率稳定为目的？第二个问题一解决，就有可能来决定是否要回复到严格的金本位，而解决了第一个问题就可以明确，不论采取什么本位，应当选择怎样的汇率。凯恩斯明确地认为国内价格稳定较之汇率稳定更重要，认为这样，货币当局可以对国内经济保持控制。凯恩斯的特殊的建议是否即是我们所说的金本位，这点无关重要；要指出的是凯恩斯明确地不赞成回复到战前的那种老式的金本位，同时他不希望在任何制度下再将英镑恢复到战前的平价。他的特殊的建议是，英格兰银行每周开出黄金（现货与期货）的买进价格与卖出价格，但其价格水平不同于战前的价格水平。某些经济学家也许会认为黄金有固定的买价与卖价，那就有金本位存在。但可以看到，凯恩斯的计划甚至不能归入这样广义解释的金本位的定义内，因为他十分反对将黄金价格钉住在一点上。银行每周所开的黄金的价格不是固定的，而是随环境需要而变动的。当然，凯恩斯认为只要汇率稳定与价格稳定不相矛盾，汇率的稳定还是一件好事，因此，如果可能，英格兰银行应使黄金的买价与卖价保持稳定。

和以前讨论印度的货币局势一样，为了推荐一个价格稳定的政策，必须以决定价格水平的理论为基础。经济学家只有在清楚地了解价格是如何决定的时候，方能建议稳定价格的政策。在以上两种情况中，我们都看见凯恩斯仍遵循最正统的方式，运用货币数量学说为其理论工具。在整个二十年代，凯恩斯都一直坚持价格稳定，其所拟议的政策措施则以传统的货币数量学说或与其密切相关的学说为基础。我们差不多得到这样的印象，即凯恩斯把商业循环看作是"金元的舞蹈"，而价格稳定本身就足以医治经济灾难。直到他了解到储蓄和投资过程的真正性质时，他方始能够摒弃他的某些古典的及近似古典的概念，发展一个关于经济行为的更为令人满意的理论。

现在再回到关于决定价格水平的理论，并考虑一下凯恩斯在《货币改革论》中所持的数量学说。在这篇短论中他涉及以下一个有名的方程式：

$$n=p(k+rk')$$

式中 n 为流通中的现金，p 为价格水平，k 为公众决定以现金方式保持的消费单位（consumption units）数目，r 为银行对活期存款所付的利率，k'为公众决定以活期存款方式保持的消费单位数目。凯恩斯把 n 和 r 看作是由制度确定的，即由银行体系的领导人的个人决定所确定。他认为 k 及 k'随着周期波动，但也在制度上由任一点时间的公众支出心理习惯所确定。因此方程式中惟一的变数为 p，它可以根据几个制度上既定的参数而确定。他建议由银行体系适当地控制 n 及 r，以抵消 k 及 k'的周期波动，获得价格稳定。这一关于 p 的决定的理论显然是以马歇尔的《货币、信用与商业》（*Money, Credit and Commerce*）的理论为根据，只不过马歇尔对以活期存款形式保持消费单位和以现金形式保持消费单位的决定没有加以区分。

我们还可以进一步看到，写《货币改革论》的凯恩斯与写《货币论》的凯恩斯的主要区别是在对货币数量学说的论述方面。因为在《货币改革论》中，作者对公众保持货币的动机没有加以充分的分析。他仅考虑到货币的一种功能——作为交易中介的功能，而没有考虑到它的作为价值储藏手段的功能。因为他把 k 和 k' 二者下定义为公众以现金或存款形式所持有的消费单位的数目。换言之，他认为人们只有一个持有货币的动机，即交易动机（transactions motive）。凯恩斯对这点虽曾稍加修正并进而提出预防的动机（precautionary motive），但被他省略的很重要的一点是和货币作为财富储藏功能有关的投机动机（speculative motive），这一概念《货币改革论》中完全缺乏。不过，我们以后可以看到，《货币论》的主要理论创见是对货币的功能及关于导致人们保持现金余额的动机的分析。

在此处再一次可以看出马歇尔的显著的影响。马歇尔在《货币、信用与商业》的第一章中讨论货币的功能，他仅提到货币是交易的中介和延迟支付的标准。他和他的学生凯恩斯都忽视了货币作为价值储藏手段的影响。

近代读者在读了《货币改革论》的序言后，无疑地会怀有很大的希望，预期它对经济过程会提出很有启示性的东西。序言中开头的几句话是：

储蓄是私人投资者的事，我们鼓励他把储蓄主要地放在对货币的索取权（titles to money）上。推动生产的责任则属于商人，他主要受预期能获得的货币利润的影响。[①]

但是如果要到书的本文中去找关于储蓄和投资问题以及这一问题对生产就业水平的影响方面的真知灼见，就不免要失望。不过，这一段话第一次表明凯恩斯认识到储蓄的抵消问题，并认识到储蓄的决定和投资的决定性质有所不同。在这里透露出凯恩斯的伟大贡献，但在此书中我们所发现的仅此而已。不过此书也讨论到通货膨胀与通货紧缩的问题，考察了价格波动对投资和商业决定的影响。

在《货币改革论》出版后和《货币论》出版前这段期间，有一问题最使英国感到困恼，凯恩斯也常常企图加以解决。这就是拖延甚久的失业和一般经济情况衰退的问题。到1929年，失业人数已高达一百余万（对于英国是个大数字），许多工业部门都呈现萧条。在其他国家都还比较繁荣之时，此种情况却在英国持续出现，这就使凯恩斯认为其咎全在英国政府的政策而不是世界的一般情况。失业主要集中在钢铁、造船、采煤等基本工业部门中，轻工业部门情况好得多。在电机、印刷、分配行业及银行等部门中，失业数字不大。当时失业集中在重工业部门的这种现象对于了解凯恩斯以后所提出的补救办法颇为重要。

凯恩斯的关于改进就业水平的各种政策的主要特点是它们几乎全都涉及某种对货币的控制和操纵办法。失业被看作是我们经济问题中最严重的一个，但凯恩斯充分相信可以在资本主义体系的范围内利用适当的货币政策来解决这问题。他所建议的政策措

① 《货币改革论》，第Ⅴ页。

施的大部分虽都可以根据严格的古典分析加以说明，但有一个基本观点却是很不正统的。他认为体系不是完全能够自行调整，放任政策(laissez faire)不足以使经济恢复。不过，这种分歧只是表面的而不是真正的分歧，因为凯恩斯所说的关于不能自行调整的理由都和当前的冲突、失调和政治情况有关，这些情况都非古典学说的创立者所能预见。事实上，他认为二十年代出现的长期萧条的特点是一种假均衡[①]而不是一种圆滑运行的经济调整。在回答贝佛里季(Beveridge)的关于人口过剩对就业水平影响不大的论文时，凯恩斯曾谈到他所相信的真正失业原因——一种失调的现象。他说，这种失调可能由以下这些原因引起：从低价格水平过渡到高价格水平，从供应一种型态的国外市场改变为供应另一种型态的市场，有组织的劳工企图获得比当前经济情况所能允许的更高的实际工资。他认为后一种失调与人口过剩密切相关，因而下结论说，马尔萨斯的可怕的恶魔之说或许是正确的。[②]

在凯恩斯的著作中受古典影响最深的莫过于他早期的对自由贸易的看法。[③] 他说，主张自由贸易是以以下两个命题为基础，他接受这些命题，但有某些明显的例外。(1)每个国家最好是生产它能比较有利地生产的货物以交换生产比较处于不利地位的商品。(2)进口有用的货物并非不利。但在因某种目的而采取贸易限制时则有例外。例如为了影响某些因非经济原因而特别希求或不希求的货物的贸易，为国防建立工业，支持幼稚工业以及对付倾销

① 《劝说集》，第241页。

② 《英国人口过剩吗?》，《新共和》杂志，第16卷，1923年，第247页。

③ 《英国要有自由贸易》，《新共和》杂志，第17卷，1923年，第86页。

等，就得采取贸易限制。他认为保护政策会导致对商品出口进行干涉或导致资本出口增加。他要求避免后一种情况，因为他仍采取了投资机会无限制这一旧的论点[①]——资本出口不过使资本不能用之于国内，即无论是在国内也好，在国外也好，资本总会被利用。用凯恩斯自己的话来说有如下述：

> 如果还有一件事情为保护政策所不能办到，那就是医治失业。[②]
>
> 但要求医治失业的主张使保护主义者陷入了最大的和最浅薄的谬误。[③]

我们以后可以看到这些观点得到怎样的修正。

英国在1925年按战前平价回复到金本位，凯恩斯对此写了许多批评文章，因为这是他自战争结束以来即一直反对的通货紧缩措施。此外，他反对这一措施不仅因为他主张通货膨胀而不主张通货紧缩，而是因为这一措施企图恢复通货的自动调节机能，这与凯恩斯主张的通货管理正好相反。在《丘吉尔先生的经济后果》(*The Economic Consequences of Mr. Churchill*)[④]一书中，他认为英国经济困难的全部根源为英国国内和国外的相对价格完全不一致，英国处于不利的地位。他认为英国出口货物的价格太高，因此引起出口贸易的困难，使国际收支难以维持平衡。但是重要的是凯恩斯在这一阶段同意改变他的关于失业和出口价格过高的原因的观点。如果下一个正统的结论，那就或者应当说，工人的报酬和

① 这是萨依(Say)定律的论点。

② 《新共和》杂志，第17卷，1923年，第87页。

③ 同上书，第87页。

④ 伦敦伍尔夫公司出版，1923年。

他们生产的东西相比是太好了。凯恩斯反对这一观点，他说出口困难的真正原因是英镑估价过高，按战前平价回复到金本位使英镑的国外价格提高了百分之十二，因而使英国货在国外市场上价格显得更贵。如果把各国当时的货币工资根据当时的汇率转变为共同的货币单位，就可以发现英国的工资远较世界其他各国为高，但英国工人这种表面上的有利地位纯粹是一种货币现象。英国工人的实际工资比之用黄金计算更接近于其他国家工人的工资水平。因此凯恩斯认为困难并不是由于出口工业的工资太高。根据他的意见，英国能够采取的可能办法是使英镑的外汇率降低而国内价格则保持不变，或者迫使国内的价格与工资下降，以与英镑汇率相协调。当然，他不同意后一办法，因为他担心通货紧缩会引起复杂情况。他也认识到组织的严格性会反对工资的削减，他预见到为阻止降低工资，工人可能采取罢工行动。恢复金本位中的另一件事也引起他的尖锐批评，即英格兰银行恰在投资活动水平低落之时被迫提高贴现率并限制信用。

二十年代后半期凯恩斯与奥林(Ohlin)曾就汇兑问题有过长期的争论；由于这一问题在有关国际贸易的书籍中曾广加评论，同时所涉及的问题并没有充分说明凯恩斯的货币理论(这一点别的书谈的较少)，因此对这一问题不必多加讨论。但是我们应当顺便注意，这一汇兑问题的讨论与本章所述的古典思想是相一致的。

在 1929 年的选举中，重又出现一些颇有兴趣的问题，因为凯恩斯日后更著名的学说(这些学说以后将更详细地加以观察)此时初露端倪。新凯恩斯政策的初次出现是劳埃德·乔治(Lloyd George)所作的关于通过公共工程支出减少失业的诺言。凯恩斯与汉德逊(H. D. Henderson)合作,研究了作为这一诺言基础的常识性的理论,并认为它是从经济分析得出来的。[①] 在这里,凯恩斯仍然没有脱离古典思想,因此在某些关键性的地方,他的论点软弱无力。但从这一著作中可以得出的最重要的启发是,我们可以清楚地看出,凯恩斯主义表现出某种真正的创见。在以后数章中,我们将清楚地说明所有《通论》中的重要部分都可以从许多前人的著作中找到;尽管如此,却没有人在大恐慌中从这一方面认真地加以考虑。与二十年代及三十年代流行的学说相比较,凯恩斯的理论在本质上是新的。从反对劳埃德·乔治的自由党诺言的论点中,可以清楚地看到当时的非凯恩斯思想的情况。

凯恩斯和通常一样,对于这一关于公共工程计划的建议一定会带来充分就业这一点表示乐观,特别因为他曾预言,这一计划除了会直接刺激建筑工业外,由于政府工程雇用的人购买力增加,其他工业也会受到间接的影响。事实上他甚至认为劳埃德·乔治计划的支出太大,即使支出较小,这一计划也可以得到成功。在估量阻力、漏洞及其他障碍方面,他是太天真一些,在我们的大恐慌中,关于这方面我们学到过不少。

在凯恩斯看来,可以从事有用工作增加财富的人(在经济上是生产原素)而失业赋闲,要用巨额的失业救济金来维持,这是一个莫大的矛盾。而且这种失业情况已持续八年之久(除1924年外),至少有一百万人经常没有工作,这一矛盾就特别明显。他认为与

① 《劳埃德·乔治能做得到吗?对自由党诺言的观察》,伦敦民族与学术协会出版,1929年。

失业的浪费相比较，劳埃德·乔治计划所需的成本是微小不足道的。这种看法是不错的。

凯恩斯认识到政府的创业费开支有很大可能会引起直接和间接的效应，这是他后来思想发展的萌芽，因为他的反对者往往只从公共工程计划所产生的第一级的和直接的就业来考虑计划的成本问题。但我们不要由此便认为凯恩斯已经想到了我们现在称之为“乘数”的这一重要学说。所谓“乘数”，乃指全部诱发的效应的累积，即从一既定的公共支出中，在全部未来时期内所积累的国民生产的总增加数。对于一种经济理论[①]而言，从相继的收入领受人的重复支出这种空洞的观念转变为乘数理论，而在解释每一收入领受人的相继支出周转(successive rounds of spending)时没有感到困惑，这的确是迈进了一大步。凯恩斯对相继的支出经过二三周转之后即常为之所惑。但他确曾清楚地指出关于诱发的购买力的累积效应，虽然他说明要精确地衡量这种累积是不可能的。[②]他也着重指出公共工程所造成的直接就业会迅速扩展辅助工业的间接就业——这一观念说明了投资会由一种既定的独立的推动力量所诱发。不过，由于他没有彻底地观察乘数理论，他似乎坠入了陷阱之中。他认为通过这一支出，政府最终可以无须假手他人，而自己来弥补这项费用。他的结论是，由于这一支出，个人收入可以增加，在税率固定的情况下，政府的税收将会大大增加以抵补预算赤字。他又说，减轻预算负担的其他来源为减少军备支出及失业

① 不是对经济政策而言。

② 这不同于在《获致繁荣的方法》(*The Means to Prosperity*)一书中，对衡量的精确所抱的乐观态度。

救济金。但事实上，如要获得充分就业，这两项支出的减少不过意味着支出从这一方面转到公共工程方面。结果预算还是没有减轻。

这篇文章也表明英国经济的不景气终使凯恩斯接触到储蓄的抵消问题。他的反对者认为公共工程计划的就业不过将私人工业的就业加以转移而已。他们这种说法显然是以关于充分就业的古典假定为根据——给某一工作增添工人不过是从另一工作中抽走工人。从英国的经验来说，人们会争论这种问题实属令人惊奇。凯恩斯显然看到这一问题，但他并没有发展出一个令人满意的理论。他说流入劳埃德·乔治计划投资中的储蓄不是来自本应用于其他资本设备的资金；相反的，资金乃来自本用以救济失业者的储蓄，以及来自因信用缺乏本将流诸浪费的储蓄，或者来自国外贷放的减少。他的关于政府可将原本多余的储蓄用公共工程支出加以抵消的建议乃是以后的凯恩斯政策的中心。

一个理论模型

1930年有名的《货币论》问世，这是一个智力迅速增长时期的结晶。凯恩斯写作此书已有数年，经济学家急切等待这一宣传已久的著作。序言中道及在此书写作过程中作者的意见经历过很大的改变；有一评论家认为此书是迅速发展中的一个短暂的阶段。此书的突出的特点是理论组织松散，许多方面的思想都不完整。但是我们可以把此书看作是前面所述的二十年代许多争论问题的总结，只有1929年选举中提出的公共工程计划问题可能是一例外。我们将把《货币论》及有关它的一些书评看作是大恐慌开始时期凯恩斯理论的一个表现。下一章我们就可以进而考虑从《货币论》发展到《通论》这一极端重要的过渡时期，并揭示其间经过的重要步骤。

《货币论》乃是一本古典经济学著作，以两个重要的及著名的理论为其基础。第一个理论是商业循环理论，认为投资波动是资本主义制度的原动力，支持此说者有图干・巴拉诺夫斯基(Tougan Baranovski)，斯派索夫(Spiethoff)，熊彼特(Schumpeter)，罗伯逊等人。第二个理论是认为利率是在均衡状态中由储蓄与投资的方程式所决定。① 以这两个理论加于古典的模型之上，可能就构成了《货币论》中的重要论点，惟其中有一点应当除外，此即凯恩斯对经济理论的新的重要贡献——亦即后来发展成为利息的灵活偏好论的基础。灵活偏好学说之从《货币论》的利息理论中产生出来看来颇为奇怪，但这不过说明凯恩斯在此时概念有点混乱。这一表面的矛盾可以很容易地解决，因为利息的灵活偏好理论是从《货币论》中关于投资财货(或非流动资产)价格水平的决定这一空头理论(bearishness theory)中产生出来，而不是从利率的决定中产生出来的。

简单地说，《货币论》的论点如下：商业循环乃由相对于储蓄率的投资率的波动所引起。这一概念是以图干・巴拉诺夫斯基，斯派索夫，熊彼特和罗伯逊的理论为基础。凯恩斯对熊彼特的革新

① 《货币论》中的利息理论多少属于魏克赛尔(Wicksell)派，虽然凯恩斯自己认为他的利息理论有别于魏克赛尔的理论。

理论(theory of innovations)全盘接受,把它看作是资本主义波动的动力。[①] 不过,根据利息理论,市场利率围绕着自然利率(使储蓄与投资相等的利率)而作的波动奇特地和储蓄与投资之间的差距相关连,后者又与价格水平的波动相关连。因此凯恩斯认为投资是真正的动态因素,当市场利率与自然利率有分歧时,投资即发生波动,而价格的波动则是储蓄与投资之间有差距的结果。《货币论》的全部目的乃在告诉我们如何维持价格的稳定;或者说,如何维持储蓄与投资之间的均等;或者说,如何使市场利率与自然利率相等。因此凯恩斯的具体建议为实行货币管理,银行可以通过操纵利率影响投资率以获得均衡及使投资率更为稳定。这样就可以达到价格稳定的目的。如果操纵利率的方法无效,他建议采取公开市场交易(open-market operations)作为控制的方法。《货币论》这一部分在很多方面和《货币改革论》没有很大的区分。在后书中他也要求价格稳定,以刺激投资活动使之达到更为令人满意的水平。但是《货币论》肯定更前进了一步;它对投资储蓄过程作了更好的分析,对利率影响的分析虽然或许有点夸大,但已把它纳入经济模型之中。它分析了哪些因素决定固定、运用及流动资本的投资水平以及储蓄过程及投资过程的区分,这是它一大贡献,尽管这些概念不全是凯恩斯所创而是从其他理论中吸取得来的。

凯恩斯在说明他所自负的"基本方程式"时,他显然认为他已把他的理论中心表达出来了。其实,"基本方程式"并不是此书的

---

① 虽然熊彼特教授让我们相信他的观点百分之百的非(反?)凯恩斯,但他必须承认他们的循环理论极为相似。

重要贡献，但不幸对此书的评论和讨论常常集中在这些方程式上而不是在更有用的材料上。当然，凯恩斯的态度和他给加上“基本方程式”这样的标志都不能有助于使《货币论》的内容达到更高的科学成就水平。所谓“基本方程式”不过是一些定义，这些定义不以驳得倒的假设(可用现有材料证实或驳倒的假设)为根据，它们和经济学上一些有名的方程式如 MV＝PT 属于同一水平，它们对于基本的经济行为并没有告诉我们任何东西。

基本方程式主要是企图改进古典的数量方程式，同时想把利率和现金余额数量与各种价格水平(特别是整个出产的价格水平和消费财货的价格水平)的决定联系起来。凯恩斯想通过这些方程式表明市场利率相对于自然利率的变化会如何引起储蓄与投资水平之间的差距，这又会转过来引起价格水平的波动。必须指出，凯恩斯并不认为他的方程式与数量学说在形式上有何不相容之处；反之他以为这些方程式揭示了某些被传统学说弄模糊了的过程。

这一说明似乎只不过是阐述魏克赛尔的理论，有些术语确是从后者借用得来。但是魏克赛尔并不准备用另一学说代替数量学说。他的理论是，两种利率之间的均等意味着价格水平的稳定以及储蓄与投资水平之间的均等，但是他并不把这些结论看作与数量学说有重大矛盾。在他的《利息与价格》一书中，认为数量学说虽不是对价格变动的最完善的解释，但在没有提出更好的公式前，它是可以用的最好的学说。魏克赛尔公开承认他的关于利率及价格水平的意见思考还很不完善，因此他还不敢把它们演成数学方程式。凯恩斯认为魏克赛尔的理论与《货币论》的理论或许会达到相同的结论，但他对于魏克赛尔想说的话从来没有彻底弄清楚。

这时凯恩斯与古典作者争论的主题是，价格水平不是受货币数量或流转速度的影响，而是受其他量值变化的影响，亦即受利率变化的影响。根据古典作者的意见，利率的波动只有通过诱发的现金余额数量的变动才能影响到价格水平。即是说，他们认为市场利率的变更使银行信用松动或趋紧，视利率降低还是提高而定。银行存款的净变更加上现存现金是价格变动的主要原因。

我们现在来考虑一下决定整个出产价格水平的"基本方程式"与数量方程式的关系，看看争论之点何在。

凯恩斯把我们现在所称的净生产国民收入 Y，下定义为付给生产原素的收入加意外利润之和。付出的收入 E 是薪金、工资、失业救济金、资本的利息、经常的垄断收益、租金以及对企业家正常的报酬。所谓企业家正常的报酬是指在这种报酬率下企业家即使能够利用生产原素按现行利润率自由选择新的买卖，他也不会有变更经营规模的动机。因此，净利润如超过正常的比率即为意外利润。意外利润也被下定义为新投资的市场价值与储蓄间的差额。第二个定义表达的内容与第一个定义是一样的，因为对"储蓄"下的定义是付出的收入(净意外利润)与消费间的差额，[①]而投资的市场价值则被下定义为生产出来的总收入(包括意外利润)减去消费。

如以 O 表示产量，Π 表示价格水平，Q 表示意外利润，则：

---

① 只有当人们用在消费财货上的支出完全出自付出的收入，同时用在资本财货上的支出完全出自意外利润和付出的收入的情况下，这一关于储蓄的定义才是与普通用语相一致的令人满意的定义。

$$Y=\Pi O=E+Q$$

凯恩斯将方程式的右边写为：

$$\Pi=\frac{E}{O}+\frac{Q}{O}=\frac{E}{O}+\frac{I-S}{O}$$

这里I代表投资，S代表储蓄。

如果说这一方程式是一定义而不是以任何可辩驳的假设为基础的，那也许不大公平。凯恩斯认为，这方程式的存在决定于以下这一显然的事实，即收入可以方便地分为两部分：(1)付出的收入，E；(2)意外利润，Q。作为他的理论而言，这方程式不是以任何可辩驳的假设为基础。但是他使这些变数中的某几个变数暗含某种假设以便研究价格变更的机制。和所有这种定义式的方程式一样，一个变数的变化常常会抵消其他变数的变化，因而关于其他变数变化的结论也许会模糊不清。在数量方程式中，MV＝py，如果流通速度(V)以及/或者出产的物质数量(y)的变动抵消了货币数量的变动(M)，则我们对价格水平的变动无法肯定。古典理论家为解决这一问题，把流通速度作为制度上的既定常数，产量在充分就业水平上是既定的。他们对第一个假定提出的理由是，流通速度(或者它的反面，马歇尔的"k")决定于消费者的支出习惯，收入付出的频数，银行的业务以及一般心理。[①] 因此在任何一点时间，在一般的社会及经济环境下，他们都可以假定有一个在制度上确定的参数，$k=\bar{k}$。另一关于充分就业产量的假定则从他们关于经济的实际领域(real sphere of the economy)的结构这一理论而来。

① 凯恩斯在《货币改革论》中假定以现金进行消费的消费单位的数目是一个制度上的常数，与这点意义相同。

他们认为工资的边际生产力理论确定了按实际工资计算的劳力需求曲线。根据他们的意见，这一需求曲线与劳力供给曲线（也按实际工资计算）相互影响决定就业水平和实际工资水平。他们也观察到产量、就业与资本数量之间的技术性关系。把资本数量作为固定，在短期间内，产量水平与就业水平之间有一定的关系，因而了解了后者即可决定前者。作为古典经济学家的凯恩斯暗中接受了上述产量水平的理论。因此，在他的基本方程式中，我们可以认为产量是既定的，$O=\overline{O}$。关于这一点，可以从他的《通论》的序言中得到证实。序言中说："我之所谓'基本方程式'，是在一定产量这个假定之下所得到的刹那图（instantaneous picture）。"[①]

变数 E 代表付给生产原素的收入，对此凯恩斯从未加以充分说明，此为《货币论》之主要缺点。这一变数代表有效需求，有效需求理论的缺乏是一缺点，这一缺点使凯恩斯不能在此时作出令人满意之结果。他假定比率$\frac{E}{O}$（他称之为生产原素效率报酬率）是稳定的，仅按照一种倾向路线（trend path）逐渐变动，以规避关于何者决定有效需求的争论。因此在基本方程式中，惟一尚未加以说明的决定价格水平的其他因素的是重要变数 Q 或（I－S）。关于此一变数行为的说明乃以该书的主要假设为根据。凯恩斯断定 Q 决定于市场利率与自然利率间的差额，如自然利率超过市场利率，Q 即大于零，如两种利率相等，则 Q 等于零，如市场利率大于自然利率，则 Q 小于零。

---

① 《就业、利息和货币通论》，1936 年，第 vii 页。

从这些假定中，凯恩斯引申出以下结论：根据市场利率围绕着自然利率而波动并引起利润变数 Q 波动这一事实，可以说价格水平乃围绕着一较为稳定的均衡价值$\frac{E}{O}$而波动。由于把 Q 下定义为(I－S)，价格波动理论当然也可以用储蓄与投资流量的相对行为来加以说明。从这一方面解释或许更有启发性，因为它更触及到经济机制。例如，如果货币数量增加，通过方程式中的$\frac{E}{O}$项，最初会对价格水平产生向上的压力。更多的钱会用来支付生产原素，比率$\frac{E}{O}$增加就是由于这一原因。但在下一步，我们发现现金增加会增加银行的储备，使银行愿意以较松的信用条件贷出款项；即银行利率会降低。根据这一理论，利率的这一变动会刺激投资而阻碍储蓄，因此在二者之间会产生差距。这一称为 Q 的差距会进一步提高价格水平；因此除收入支付(income payments)的增加所造成的刺激以外，还会发生对价格的另一刺激。这一过程并不是到此为止，因为投资需求的增加又影响到对生产这些投资财货的工人的需求，从而对价格又产生了进一步的向上的压力。

如以剑桥的方式写出数量方程式，为：

$$\overline{M}=\bar{k}p\bar{y}$$

其中$\overline{M}$为货币数量，$\bar{k}$为人们以现金方式持有的收入部分，$\bar{y}$为充分就业产量。以上三项均为既定。就此式而论，古典理论与《货币论》的理论不相一致。凯恩斯同意$\overline{M}$及$\bar{y}$均属既定的假设，但反对他在《货币改革论》中所接受的$\bar{k}=k$的假设。凯恩斯之意为 k 乃受利率之影响。对于这一点可以作如下的说明：《货币论》的主要的创见之一为对人们保持现金余额的分析。全部现金余额可以分为收入存款、储蓄存款及商业存款三种。他后来又曾将持有资金的动机分为交易动机，业务动机，谨慎动机及投机动机。这两种分法可以很容易联系起来。他说付出的收入等于收入存款乘以它们的流通速度，或 $E=M_1V_1$。因此基本方程式可以写作：

$$\Pi O=M_1V_1+Q$$

正如古典作者假定 k 为既定，凯恩斯则假定 V_1 为既定。他写道："一般的说，在一个既定的经济社会中，k_1（V_1 的反面）的平均价值每年都是一个比较稳定的数量。"[①]他说明 k_1 稳定的原因是相同的风俗习惯和商业的做法，这一点以前的经济学家曾提到过。说到这一点，他认为利息的波动会引起 Q 的变动，与 M_1 及 V_1 无关，而 Q 的变动又会反过来引起价格水平的波动。我们也许可以这样下结论：**古典理论是把 $E+Q=Y$ 的一部分作为稳定的既定价值，而凯恩斯则仅仅把 E 的一部分看作是稳定的既定价值。**对准这一部分产量价值的货币流量以 Q 表示之，它被看作是决定于利率，而不是在制度上既定。数量方程式可以写为：

$$(M_1+M_2)V=E+Q=Y$$

此处 M_2 为商业存款数量。凯恩斯断言收入存款加商业存款的总数构成现金存款，代表可供支出之总数。货币供给的另一成分——储蓄存款，其流通速度等于零，可以作为价值的储藏看待。把 M_1+M_2 作为方程式中的货币数量，这种方程式与古典学派把货币看作仅仅是交易中介的论点是相一致的。此外，因为凯恩斯

① 《货币论》，第 1 卷，第 44 页。

的方程式是 $M_1V_1=E$，我们有理由写出 $M_2V_2=Q$，其中 V_2 为商业存款的流通速度，为 Q 对 M_2 的比率。如果 Q 是利率的函数，则 V_2 也可以看作是利率的函数。① 现可将基本方程式写作：

$$\Pi=\frac{(M_1+M_2)V}{\overline{O}}=\frac{M_1\overline{V_1}}{\overline{O}}+\frac{M_2V_2}{\overline{O}}$$

古典的 V 仅为加权总数：

$$V=\left(\frac{M_1}{M_1+M_2}\right)\overline{V}_1+\left(\frac{M_2}{M_1+M_2}\right)V_2$$

它也必须取决于利率，因为它由一个独立的成分($\overline{V}_1$)及利率的函数(V_2)组成。

在这里应当看到的很重要的一点是：凯恩斯与数量学说的分歧和他把货币看作是价值的储藏手段一点无关，因为他已把储蓄存款的影响排除在他的“基本方程式”之外。不过，他以后以灵活偏好理论为基础的论点却把作为交易用的货币及闲置储藏的货币的总和包括在他的货币方程式中。在《通论》中，他与数量方程式的分歧乃直接由于他把货币作为价值储藏的手段。在《货币论》中，如我们在下面可以看到，完全把储蓄存款看作与“基本方程式”没有关系。

决定消费财货价格水平的理论和决定一般价格水平的理论非常相似。为决定当前消费财货的价格 P，凯恩斯又列出了另一“基本方程式”。他最初写为：

---

① 仅在以下的例外情况中不是如此：M_2 为利率的特别函数，以致利率对消了 $\frac{Q}{M_2}$ 的分子及分母。

$$P=\frac{E}{O}+\frac{I'-S}{R}$$

其中I'为新投资的生产成本，R 为消费的物质数量。汉森（Hansen）教授很快就指出，这一方程式包括了一个关于投资财货成本及消费财货成本的相对改变率的不适当的假定。但本书的附录表明，这一无效的方程式并不影响体系中价格的决定，而凯恩斯的主要目的是说明关于价格决定的理论。

至于决定投资财货价格水平P'的理论则比较有兴趣得多。罗伯逊在评论《货币论》时谓凯恩斯的说明不够完全，因为他从没有明显地叙述P'是如何决定的。[①] 凯恩斯答称，在他讨论空头和多头时，已暗含地提出了决定这一价格水平的足够的因素。[②] 他的理论是非流动资产的价格决定于人们想要保持的贮钱数量及银行愿意吸收的储蓄存款数量的方程式。变数P'被看作是公众愿意持有的闲置余额和银行愿意创造的闲置余额二者之间的分派机构。[③] 在形式上，他把P'的决定看作是两个经济表交叉的结果。在需求一方，他就储蓄存款的需求和非流动资产的价格二者之间的关系作出了一个表，这一表是空头的函数。

在非流动资产的每一价格水平上，人们都可以选择以储蓄存款的形式或是以非流动资产的形式持有他们的财富。非流动资产的价格水平为持有一单位的这种资产所能得到的预期的未来收入

① 《凯恩斯先生的货币理论》，《经济季刊》，第 41 卷，1931 年，第 395 页。

② 《一个答复》，《经济季刊》，第 41 卷，1931 年，第 412 页。

③ 希克斯(J. R. Hicks)：《简化货币理论的建议》，《经济》季刊(*Economica*)，N. S. 第 2 卷，1935 年，第 1 页，对于以《货币论》这一论点为基础的灵活偏好理论作了出色的预述。

川流(income stream)的贴现价值。如果预期为一种心理因素,则在非流动资产价格与贴现率之间有一种简单的关系。贴现率表明持有非流动资产的有利程度,使人可以在储蓄存款或非流动资产两种形式中选择一种作为持有财富的形式。贴现率可以使人作出这一决定,因为在与储蓄存款的利率相比较时,即可显示出以非流动资产而不以储蓄存款的形式持有财富的相对的有利与不利。因此凯恩斯说,有一需求表把储蓄存款的需求与投资货物的价格联系起来。

在供给一方,凯恩斯相信银行体系可以控制储蓄存款的数量。他说:"此外,我们认为银行体系可以控制储蓄存款的供给……"[①]这一假设必定使 P' 成为一确定的数字,因为如果供给曲线由银行控制,而空头函数已知,我们即可发现储蓄存款供给与需求之间的均衡。通常有一独特的价格 P' 与这一均衡相容一致。银行能够控制储蓄供给的假设似乎有点微妙不可思议。我们现在最多不过假定银行可以控制货币的总数量而不是单独地控制各种存款。

凯恩斯假定,特别的贴现政策可以决定各种现金余额的大小。这里应当插一句,银行对贴现率的控制并非与他们对现金余额的控制无关。如果这二者并非无关,则古典经济学家追究利率波动的原因在于货币数量的波动及价格水平的波动,也不是什么大错误。无论如何,必须承认对银行利率的控制和对货币数量的控制有很大的关系。

---

① 《货币论》,第 2 卷,第 346 页。

我们既已分析凯恩斯的关于价格决定的理论，就可以看到他的价格控制计划是怎样地顺应他的理论框子。他竭力想回答这一问题：中央银行是否有足够的权力控制价格水平？他认为这种控制是可能的，因而相信周期的波动可以消除。为使 P'，P 及 Π 保持稳定，中央银行必须控制储蓄存款的数量及市场利率。通过空头函数，对储蓄存款的控制会形成对 P' 的控制，而通过"基本方程式"，对市场利率的控制会形成对 P 及 Π 的控制。他没有说货币当局可以同时制造这些结果；也没有说非货币的波动不会意外地发生；也没有说有可能避免相对的价格变动；也没有说一个国家可以不顾国际因素实行国内的货币政策。不过，一般说来，他对于管理资本主义经济的可能性具有非常乐观的观点，认为利率及信用操纵对经济决策具有很大的重要性。

如前所述，《货币论》在理论方面的主要缺点是未能解释有效需求的水平如何决定。凯恩斯想解释价格稳定的一种均衡情况。他认为这种均衡情况的主要标准是储蓄与投资流量之间的均等。这一点是一个很大的错误，因为储蓄与投资可以在各个就业水平上出现均衡。在凯恩斯看来，在"基本方程式"中储蓄与投资在低水平上的均衡对价格稳定所发生的影响和在高水平上的均衡相同。只有把储蓄与投资的水平和就业水平联系起来，我们才能得到有意义的结果。《货币论》的理论在均衡中完全与储蓄的抵消对象的大小无关。不过，未能将均衡与就业量相联系的并不仅仅是凯恩斯一人。魏克赛尔的理论具有同样的缺点。他仅对市场利率与自然利率的均等感到兴趣，换句话说，仅对储蓄与投资的均等感到兴趣。

凯恩斯这一理论的缺点可能会变得非常严重。因为他相信三十年代初期的许多困难都是由于储蓄得不到投资机会而起。根据他的理论模型,他可能会提两种本质上不同的补救办法。他可能建议(他也的确曾这样建议)通过某种措施以刺激投资达到某一程度,使之足以在较高的数额上抵消人们的储蓄。但是,如果他建议采取措施使储蓄减少到很小的数额,仅足以供给很小数额的投资所需,他的稳定价格的目的仍然可以同样地达到。前一种措施代表高水平的资本积累,而后一措施则代表低水平的资本积累。在两种不同的情况下经济的繁荣程度显然有别,但对凯恩斯标准的影响则不很明显。这并不是说没有影响。情况不同,对方程式 E 项的反应也不同,但从凯恩斯的理论观点却看不到这种反应。

不仅这一理论模型受到很多的批评,即所应用的货币理论也遭到很多攻击。凯恩斯无疑地过高估计了银行所能控制的重要经济变数的数目,也过高地估计了这种控制的结果。整个计划的主要枢纽是利率。他认识到对他的理论而言,重要的利率是长期利率,因为这是一个会影响到固定资本波动的利率。但是因为他知道银行体系对长期利率无法直接控制,他只得求助于统计资料以表明长期利率和短期利率之间有密切的关系,因而银行对后者的控制即能有效地影响到前者。后来,在罗列了直到最近的资料以后,却发现这种密切的关系并不是常常都存在的,凯恩斯不得不撤回他的通过控制银行利率以影响投资的说法。[1] 在银行对市场利

① 见爱德华·西蒙斯(Edward C. Simons):《凯恩斯先生的控制计划》,《美国经济评论》,第 23 卷,1933 年,第 264 页。又见凯恩斯:《凯恩斯先生的控制计划》,《美国经济评论》,第 23 卷,1933 年,第 675 页。

率不能作有效的控制时，凯恩斯不得不提出通过更直接的方法以刺激投资的建议。

有人批评《货币论》的理论模型完全是静态的，后来也有人对《通论》提出这一批评。由于凯恩斯自称他的革新具有动态的优点，使得这一批评更显得严重。从形式上看，根据“基本方程式”的写法，这些方程式似乎完全是静态的。一种理论模型如要代表一个确定的动态的体系，它必须能表明每一确定的变数在整个时间内的行为，即是说，能够表明任一变数在它的时间路线（time path）上的任一瞬间的价值。方程式的答案都必须是时间的函数或者在整个时间都属不变。我们在《货币论》中肯定不能得到这种动态的答案。然而凯恩斯也并没有白费精力。他固然没有构成一个动态的体系，但他从静态变数行为中所找出的反应在性质上都是动态的。在一般价格水平的“基本方程式”中，他并没有说投资与储蓄之间的差距会使价格水平改变为另一数字。他仅说投资与储蓄的差距会使价格水平在均衡水平上下摆动。他的“基本方程式”仅在形式上是静态的。他的分析和结论是十足动态的。

有一点应当提到的是，在我们对《货币论》的整个讨论中，我们完全根据凯恩斯的定义使用“储蓄”与“投资”这两个名词。人们现在都同意，争论名词或定义不会得到什么结果；因为，如果定义下得精确，同时又不自相矛盾，就可以得到完全有根据的结果。对储蓄和投资方程式抱有错误的概念，在制订经济政策时也许还不至于犯大错误，但这一方程式的讨论对理解凯恩斯的方程式却很重要。事实上，对《货币论》的讨论清楚地表明凯恩斯自己不能理解可观察的经济数量的定义和各个经济行为表（schedules of economic behavior)之间的关系二者有所不同。[①] 罗伯逊曾建议凯恩斯不妨把收入下定义为报酬(earnings)加意外利润,而储蓄则为收入与消费支出间的差额。[②] 凯恩斯不接受这一定义,认为它很荒谬,因为这样一来储蓄总是等于投资。如果把 Y 作为收入,我们得到:

$$Y=E+Q$$

$$S=Y-PR=E+Q-PR$$

$$I=E+Q-PR$$

$$S=I$$

凯恩斯和他的大多数同时代人一样,把这些流量按照可观察的数量的定义来处理,而未能恰当地按照预定计划来加以讨论。

凯恩斯理论的古典方面还有一点在本章中没有讨论到但是颇饶兴味,即他最后对于数量学说的说明。在最一般的情况下,市场利率在自然利率上下波动时,凯恩斯的理论与数量学说有别;但在均衡中情况如何?如果市场利率等于自然利率,则意外利润变为零,根据凯恩斯之说,“基本方程式”变为:

$$\Pi O=M_1V_1$$

这一关系看过去很像数量学说,因为从以上的讨论中我们知道 $O=\overline{O}$ 和 $V_1=\overline{V}_1$,这一限制为凯恩斯所加。在完全均衡的情况下,《货币论》的理论纯粹是古典的。事实上凯恩斯这样写道:

这意味着在均衡中——即生产原素都已充分利用,公众对证券既不看涨

① 这问题将在第三章和第四章中详细讨论。

② 《凯恩斯先生的货币理论》,《经济季刊》,第41卷,1931年,第395页。

也不看跌，所保持的储蓄存款既不多于也不少于它的财富的"正常"此例，储蓄的数量等于投资的成本，也等于其价值——在货币数量与消费财货及整个产量的价格水平之间有一种独特的关系，它具有这样一种性质：如果货币数量加倍，价格水平也会加倍。[①]

在均衡问题上，无疑地凯恩斯接受了古典理论。

① 《货币论》，第1卷，第147页。

第二章 《通论》的诞生

以前一章为背景，我们将进而探索在1936年《通论》出版之前凯恩斯思想发展的重要步程。程序分两方面：第一是探索凯恩斯著作的编年发展，第二则为对凯恩斯思想的发展及非凯恩斯著作家的思想加以比较。我们希望，通过探索凯恩斯思想编年发展的方法，我们可以近似地指出新理论概念产生的时代背景。然后在下一章中就有可能对《通论》的理论模型和凯恩斯阵营以外的经济学家所持的传统理论加以比较。

凯恩斯思想的发展

经济学家在提出某些适当而健全但理论根据不充分的政策措施时，有时很能起一些影响。这一点证明实用经济学仅仅是常识，而理论经济学不过是“把常识弄得艰深”而已。1929年大崩溃后头几年——事实上，甚至在大崩溃以前——经济体系中的困难究竟是什么，对此凯恩斯有些很好的看法，他支持一种近似于在《通论》中提出的政策，但他未能把他的论点构成令人满意的理论模型。他在萧条初期所作的早期分析完全以《货币论》的古典模型为基础。他并不是先有理论再有实用政策，而是先有目的在于医治真正的经济病症的实用政策,再由此引申出他的理论。凯恩斯的情况和我们的许多有趣的货币奇想家一样。这些业余经济学家通常能意识到毛病在哪里,常常提出了可行的纠正政策。但是他们常不能将他们奇妙的理论体系系统地说明。考虑一下凯恩斯在《货币论》和《通论》之间所写的一些有名的论著就能很好地说明政策与理论之间的关系。

在萧条的最初几个月,凯恩斯告诉我们困难的基本原因在于资本投资的前景不佳,以致新的企业缺乏。他主张采取刺激利润的措施以引起新投资。但他并不希望通过降低成本的办法使利润达到新水平,因为他把这看做是一种通货紧缩的做法。他认为恢复利润的办法有二:或者是诱导公众把收入的较大部分开支掉,或者诱导企业家把他们的产量的较大部分转变为投资的形式。这种论点是正确的,但它所根据的理由是错误的。凯恩斯显然知道,增加的消费支出对于经济体系会起净通货膨胀作用,但他主张较高的支出率是以《货币论》的古典理论为根据的:储蓄会降低,会与新的低水平的投资处于均衡,这样可以得到所希望的价格稳定的目的。他没有放弃产量水平已定这一条件,因而使他可以想象有一种消费与投资二者可以同时提高的情况。他仍然以这一假定为依据:消费之增加会牺牲投资,反之亦然。关于萧条失调的特征,典型的凯恩斯的说法是:生产者在把他们的产量分配于消费与投资上面时,其比例与消费者把收入分配于储蓄与消费上面的比例不相一致。这一论点是下面这一论点的另一说法:在《货币论》的"基本方程式"中,I,S项与I′,S项之间有差距。

我们必须承认,凯恩斯之在三十年代初期主张某些政策是忽视了他的理论背景而非出自他的理论背景。1931 年他在英国所作的广播致辞[①]是一项杰出的要求增加支出以抵制萧条的主张——直觉比之理论远为有力。在他的致辞中他攻击节俭这一古典的美德,因为他认为,如果投资机会很少时,大额的储蓄可以由投资抵消掉是错误的。[②] 他要求主妇花钱,宣传政府应增加公共工程支出。这些建议很像近年的凯恩斯派以《通论》为基础所提出的论点。

除攻击节俭外,凯恩斯对另一古典学说也很快地改变了他以前的看法。他忽然断定,在严重的失业时期自由贸易或许并不有利,并提出了"购买英国货"("buy British")的论点。他建议财政大臣为英国选择保护关税的办法以减轻预算的困难并恢复信心。1923 年时宣称保护关税绝不能增加就业的凯恩斯会在后来提出这种反古典的政策几乎像是不可能的事。但因他以前的理论未能解决就业不足的问题,他的思想必定经历了某种很大的变化。

1931 年 6 月间正当凯恩斯提出本节所谈到的各种措施时,出现了有名的"麦克米伦报告"(Macmillan Report)。[③] 自 1929 年下半年以后,有一委员会准备此项报告,凯恩斯为委员之一。从本书的观点看来,最有趣的结论是附录 I 中关于国内货币政策部分。这一附录仅有凯恩斯及其他三个委员完全加以支持。内称,在国

① 重印于《劝说集》,第 148 页。

② 参阅第一章关于《和约的经济后果》的讨论,其中论及凯恩斯对于储蓄及第一次大战前资本主义成长的评价。

③ 《财政及工业委员会报告》,财政部财政秘书受英王陛下命向议院提出,1931 年 6 月。

内货币政策方面有三个办法可以应付危机：(1)降低薪金及工资；(2)控制进口，帮助出口；(3)国家对私人企业及投资给以帮助。

《报告》没有接受第一个降低工资的办法，这是和凯恩斯的传统相符合的。《报告》认为降低工资对单一雇主的利益常常被应用于整个经济，这是一个似是而非的比论。委员会认识到，如果工资劳动者的购买力降低，整个产量也许要受到影响。这正是凯恩斯在他自己的论著中所运用的论点。《报告》作结论说，宁可使货币收入保持固定，而通过降低英镑的金平价改变货币标准以调整工资薪金水平使适应长期的均衡情况。这一结论颇为重要。在这里我们看到《通论》中关于实际工资与货币工资率论点的萌芽。由于全面降低货币工资的困难，因此认为较好的解决办法是采取使价格上升而使实际工资下降这种通货膨胀的措施。

在讨论第二个办法中，《报告》强调指出，自由贸易的论点不能应用于有失业存在的经济体系中，因为关税可使资源有净增加而不仅是使资源的使用转变方向。《报告》根据同一理由也建议对出口实行帮助。

在讨论第三个办法(资本发展计划)中，论点与上章论及的关于凯恩斯对劳埃德·乔治的自由党的诺言所持的意见相近。乘数理论也被大略地应用于论点中，但像在其他问题中一样，分析没有逸出支出的最初几个周转。与当时其他许多经济学家的看法不同，《报告》的作者着重指出公共投资支出不能使资源从私人投资方面转变过来，因为当时存在着大规模的失业。自实用的观点出发，《报告》对凯恩斯以前关于公共工程支出的分析作了一点改进。这就是承认这种计划也许会对商业信心引起有害的影响，这也就是所以说保护政策较为有利的另一理由。不过,《报告》认为,利害相权,这一支出计划仍是有帮助的和值得想望的。

当我们比较《报告》本文的建议和附录Ⅰ的建议时,我们看到某些显著的对比。本文的建议远较保守和正统。它们包括这样一些建议:按现行平价坚持金本位,根据批发货物计算降低黄金的国际价值,在较高的水平上稳定价格,银行管理利息及信用以稳定投资水平。但我们把以上建议和凯恩斯式的附录Ⅰ中的较为激烈的建议相比较时,可以看到凯恩斯不得不和他的同事们的较为传统的思想路线保持很大的分歧。在本章的后面谈到霍特里(Hawtrey)及庇古(Pigou)在麦克米伦委员会前的作证时,这一点甚至还会更明显地表现出来。

从凯恩斯1931年夏在芝加哥哈里斯纪念基金会主持的讲演会中所发表的演说[①]里,我们可以看到他的旧理论模型的持续影响。虽然他对当前的经济形势作了很好的分析并建议了意味深长的医治办法,他的理论观点基本上没有改变,与他的常识判断不完全相一致。不过他在当时作了一个很准确的预言,他说整个世界所遭遇的大灾难不能很快地克服;反之他预言萧条持续的时间也许要比人们想象的长得多。他预见到有一个长时期的半萧条状况——可以称之为就业不足的均衡。他当时继续强调投资率对经济繁荣的影响,并完全根据刺激投资的企图提出医治办法。他的医治萧条的主要工具似乎仍然是对利率的操纵。他对于利率对投

① 《世界性的失业问题》(*Unemployment as a World Problem*),昆西·赖特(Quincy Wright)编,芝加哥大学出版,1931年。

资决定的影响非常乐观(实用的论点),他仍然保持他在《货币论》中的理论,在该书中利率是使储蓄与投资得到均衡的主要因素(理论的论点)。他在当时的目标也许可以说是希望达到这样一种局势:将投资提高到与储蓄相等的某一标志着繁荣的水平。储蓄被看作是不活动的因素,而投资则是经济过程中的活动因素。不过,这一时期的凯恩斯认为在足够低的利率上,有无限投资机会,而后来的凯恩斯则认为由于缺乏有效需求,投资的机会有限。从这一理论体系出发,凯恩斯建议降低长期利率及恢复借款人与贷款人信心的方案。尽管他的理论体系还有局限性,他也提出了政府建设的方案。

在这时,经济学界作出了一个重要的科学贡献,即发展了一个完全革命的经济思想模型。哈耶克(Hayek)、罗伯逊及其他诸人正讨论这样一些问题:凯恩斯先生的"基本方程式"是否确与通常的数量方程式有所不同?凯恩斯的E—当前出产的生产成本和他的另一个E—出产上市时期生产原素的报酬是否一样?同时卡恩(R. F. Kahn)先生正在系统说明他的乘数理论[①]——凯恩斯在政策方面所已讲的和他在理论方面所想讲的之间缺少的一环。为表明在均衡状态下储蓄与投资决定整个产量水平**而不是决定利率**,卡恩讲述的这种理论正是必需的步骤。但是我们不要弄错,以为卡恩、凯恩斯或任何其他人会在这时看得出争论点而把这一贡献纳入决定就业水平的新理论中去。卡恩很不含糊地说明他阐发乘数理论的目的是解决当前一个实际问题——对公共工程计划的有

① 《国内投资与失业的关系》,《经济季刊》,第51卷,1931年,第173页。

益的影响能作出更精确的估价。此外,卡恩告诉我们,他写此文是参照了《货币论》的理论的。他显然没有看到他的工作所蕴含的巨大理论意义。

卡恩指出,政府对公共工程支出的创业费将以工资的形式分配给工人。这些工人就会将增加的收入的大部分支出于消费财货上。商人们又会转过来支出这一部分中的大部分,如此以至于无穷尽。卡恩的巨大贡献是计算出来这些反复支出的总数的限定价值。

其他许多经济学家也曾想到和写到过,政府赤字支出通过消费支出的相继的周转会引起怎样的乘数效应,但他们从来没有能够把他们的思想形成一种确定的经济行为理论。我们为什么要特别强调卡恩论述的这种乘数理论?这是因为这一对总消费行为的说明完全改变了我们对模范经济体系结构的看法。从卡恩的论述中,我们能够看到很重要的一点:消费肯定地决定于收入而不是决定于利率。消费与收入之间必须具备这种函数关系,才会产生乘数序列的相继的周转。我们一旦承认消费与收入之间的这种关系,就可以借助于数学的恒等式进到储蓄和收入函数,[①]如果收入被当作是消费函数中的重要变数,那么它在储蓄函数中也是重要的变数。这样,我们实际上就得抛弃通过利率得到储蓄与投资的均衡这一古典的概念。只要令人束手无策的萧条再拖长几个月,凯恩斯就能看到,即使利率低,投资机会也并不是无限的。宁可说,投资也决定于收入水平及某些非经济(独立的)变数。无论如何,利息与投资之间的标准函数关系并不能和事实相适应,需要有

① 情况正是如此,因为给储蓄下的定义是:不用于消费财货的收入。

一个收入水平决定论来替代利率决定论。只要一认识到这一点，经济理论就会发生革命。我们用来替代古典的储蓄与投资理论的，并不是和某些经济学家所想的一样，是一种新的利率理论；反之，我们需要的是一种产量的理论，以替代旧的利率理论。在完成了后一步骤之后，新的利率理论就会作为一个必须加以解释的副产品而产生。

我们必须在此重复说一下，虽然卡恩在 1931 年给我们提供了必需的步骤，但革命并未发生于彼时。经济学家在运用这一创见说明他们的政策时，仍然因袭旧说思考问题。凯恩斯在理论体系中大大地利用这一乘数观念，约在两年之后。虽然幼芽已经发展，但新理论约到 1933 年才出现。

卡恩的论文发表以后，在一个时期，凯恩斯自己的论著仍然未能摆脱旧观念。1932 年，凯恩斯对金融危机比之其他更表忧虑。但他以为只要有利息低廉的借款可供利用，危急的局势当可得到改善。他似乎觉得，信用的充裕或许可以导致高水平的投资，并使复苏得以开端，金融危机得以避免。他在提出低廉贷款政策的同时，也要求政府在纯货币政策失效之时，积极参预刺激投资。但他在 1932 年写的一篇短文表明他对操纵利率的政策仍具有很大的信心。[①] 他认为将战时公债转换为百分之三点五的利率是所有反萧条措施中最有希望的一个。他以前常认为他的操纵短期银行利率的方案不够充分，因为这种操纵不一定会影响更为重要的长期

① 《对与转换方案有关的长期利率的意见》，《经济季刊》，第 62 卷，1932 年，第 415 页。

利率。但战时公债利率之改变，使一项重要的长期利率直接降低，他认为可对此事寄以很大的期望。他继续坚持信用控制的办法，这表明卡恩的论点并没有使他怎么信服。

萨缪尔森教授曾指出在1933年的经济文献中有一颇有兴趣的发展。我们无法肯定在剑桥学派经济学的政治背景中有过什么活动，但我们知道在某些集团的私人之间曾频繁地交换过情况。如果我们把乔安·罗宾逊(Joan Robinson)作为凯恩斯集团内部意见的一个可靠的共鸣板，我们发现1933年这一集团的观点有很大的改变。在1933年2月号的《经济》季刊上，罗宾逊夫人写了一篇题为《论储蓄与投资》的文章，企图对脑筋单纯的读者解释《货币论》中某些精微困难之点。她想解释一下凯恩斯和他的书评作者哈耶克之间意见的差异。在该文中，她对写《货币论》的凯恩斯作了极其清楚的说明，这不禁使人猜测，在凯恩斯集团中仍在谈论着《货币论》中的观点。然而，在这年秋季，罗宾逊应邀为《经济研究评论》(*Review of Economic Studies*)第一卷第一期写了另一篇文章，题为《货币理论及产量分析》。在该文中，罗宾逊夫人仍然声称要给《货币论》作一说明，但实际不是如此。《货币论》或本书第一章(如果它是正确的话)的任何读者都知道一个把产量作为既定水平的理论不是产量分析的理论。罗宾逊夫人对于主人实在过于豁达大度，她实际上是写了《就业、利息和货币通论》真正重要部分的说明之一，而且写得明了透彻。

在《经济》季刊上所载的一文中，罗宾逊夫人企图说明决定各种价格水平(P，Π，P′)的理论的运用，这些理论引起了很多的混乱，因为必须对脑筋单纯的人们(她自称属于这一种人)清楚地表明，譬如当 P 下降时，如何不一定会引起 P′的上升。换句话说，她企图解释两个“基本方程式”和空头方程式之间的关系。她的说明完全根据《货币论》，没有丝毫分歧。但当我们接触到载于《经济研究评论》上的第二篇文章时，我们就会看到该文内容远较有兴趣及有力。她说：“……货币理论近来经历了剧烈的革命。”在这一点上，她是有自己的主张的预言者。这篇文章最精彩之处是对《通论》的分析作了清楚的叙述，对像储蓄和投资方程式这样重要的问题是根据所涉及的真正的争点而不是根据琐碎的名词之争来提出的。前《通论》(Pre-General Theory)时期的凯恩斯派比之他们的继承者分析问题要清楚得多。罗宾逊夫人在这一讨论中很明显地告诉我们，储蓄和投资如何可以在时间的各点上都相等，然而它们不是相同的表或曲线。她首先假定一种不均衡的情况，然后说明通过一个概念的过程，实际收入水平会调整到使储蓄与投资达到相等。她也说明了维持储蓄和投资方程式的另一非常重要过程的运行情况，即“强迫”投资的运行。她假定储蓄率增加，消费下降，致方程式不能维持。然后她解释调整过程是这样：因消费率减少，存货堆积，因而迫使投资增加，以应付增加的储蓄水平。这是当今的凯恩斯派普遍使用的一个论点。整个论点总结为这一点：在任何不同水平的数字上——充分就业水平或不到充分就业的水平上，都可能有一个均衡的产量。有趣的是，她在此时无须借助利率的低限，刚性的货币工资或是竞争的不完全来解释失业现象。

罗宾逊夫人这两篇文章理论结构的不同颇令人惊异，使我们不禁怀疑在 1933 年间剑桥发生了革命。

凯恩斯写的表明受到卡恩影响的最初的几篇论文之一发表于

1933 年。[1] 在这篇论文中凯恩斯对公共工程支出提出了新论点，在许多方面这一论点和 1929 年提出的相似，但这一次他广泛地运用了一个新工具——乘数理论。在三十年代初期出现的反对政府支出方案的论点和反对劳埃德·乔治诺言的论点非常相似，但这一次凯恩斯能够用更为清楚的说明予以回击，如关于已定的公共支出所创造的最终的就业水平的说明以及关于政府预算净成本的说明。1929 年凯恩斯曾谓公共支出会引起诱发的及间接的效应，这种效应常为反对者所忽视，但这种效应不能精确地衡量。读者应当记住的重要一点是，为了精确起见，必须了解在以体系中某些其他变数作为参数的情况下，消费与收入之间的函数关系如何；换句话说，乘数理论的应用必须以消费或储蓄的函数理论为基础。

这时凯恩斯估计乘数约为二，为了稳妥起见，把这一数值算作一又二分之一。[2] 关于预算的负担，他的论点和以前一样。他计算失业救济金的节约以及因收入增加而得到的税收的增加可以弥补所需的成本的半数。因此他的结论是，在支出方案与预算平衡之间并没有为难之处。不过，我们很难说他是否陷入了这样的错误，即相信财政部能够完全依靠自己的力量解决问题。

他这时无疑地清楚地看到消费与收入间的关系，虽然这一讨论并不是意在产生一个理论体系。他鼓励人民消费，但是也认识到要从已经减少的收入中增加支出是不可能的。他也开始更清楚地认识到整个经济体系的运行。仅在写《获致繁荣的方法》前数年，他曾

---

① 《获致繁荣的方法》，伦敦麦克米伦公司出版，1933 年。

② 换句话说，每在公共工程计划上支出一元钱，可以创造一元五角的国民收入。

称很倾向于在英国实行保护政策。他现在愿意放弃这一意见，因为他认识到，英国改善对外收支如获成功，也不过以其他国家为牺牲。此外他也认识到，如各国同时采取竞争的保护办法，结果仅使大家都蒙其害而已。他现在所建议的是在全世界范围内实行通货膨胀贷款支出以刺激整个世界，特别是为了提高世界价格水平。他现在主张所有国家通过废弃外汇控制及关税，使各国贸易得以同时扩充。凯恩斯在自由贸易的问题上作了一个大转弯。

像《货币论》一样，《通论》的出版在事先就被大事宣传。我们知道，有一个时期，凯恩斯根据他后来写入《通论》的学说在剑桥讲述就业与产量理论。[①] 在《通论》的序言签发前十个月，《新共和》杂志登载了凯恩斯的一篇文章[②]，在该文中他提出了他的新学说的主要点，并把它们和异端者与奇想家的学说相比较。古典经济学家和当代许多经济学家曾认为，在没有摩擦时，经济体系也能自行调整，但凯恩斯现在开始相信，这是不可能的。如果我们能发现一种理论，它能说明一个非自行调整的、资本主义的、没有摩擦的完全竞争的体系，那我们不是找到一个革命的理论了么？

凯恩斯并没有在这时提出他的理论的完善的大纲，但他充分地谈到他的理论的中心概念。有些人曾错误地解释凯恩斯革命的重要革新，在这一文章中凯恩斯有一说明也许更会增加这一误解。他说古典体系之所以不能决定有效需求及就业水平是由于其利息理论不能令人满意。这样我们可不可以认为凯恩斯的革命就在于

---

① 见当时在剑桥的勃鲁斯(R. B. Bryce)所作的未发表的笔记(有油印本)。

② 《一个自行调整的经济体系？》(*A Self-Adjusting Economic System?*)，《新共和》杂志，第82卷，1935年，第35页。

他有一个新的利息理论——灵活偏好的理论[①]？我们承认灵活偏好的理论对决定利率问题是一个聪明的解决办法，它在本质上不同于古典的、近古典的及近代瑞典学派的理论，但我们无须把灵活偏好理论当作是近代凯恩斯体系的重要成分。它的作用仅仅是使理论成为一个完整的理论。凯恩斯说古典利息理论不够充分，其意乃在指出这一理论利用了实际上决定产量率的流量作为利率的决定因素，因此我们就无法得到一个关于总产量的令人满意的理论，因为有古典倾向的经济学家运用了决定产量的重要因素去决定别的东西。凯恩斯以后曾说，他最初认为储蓄和投资方程式是产量水平的决定因素。这使他没有利息理论；所以他以后发展了灵活偏好的利息理论。对这一点，读者也许会有一点意见，至少，罗伯逊有过意见，即认为不应当把储蓄和投资孤立起来，看作仅是产量水平的决定因素，因为它们可以决定某种其他东西，即利率。我们承认，在一个相互依存的体系中，不能把原因和后果孤立起来，但在目前这一阶段，我们涉及的只是一些构成建筑的积木，这些积木构成了相互决定的体系。我们现在仅对每一个相互关连的方程式中的主要变数感到兴趣。不过，这一点将在下面较为详细地讨论到。

1936 年以前某些非凯恩斯的理论

如果我们要理解凯恩斯革命的全部意义，我们必须对凯恩斯

① 这一理论将在第三章及第四章中详加解释。

所背叛的理论有充分的了解。凯恩斯的矛头确是朝着他所说的古典经济学，他的含意是，今日大多数经济学家都是继承古典体系衣钵，考虑问题。他的这一看法引起了一些不同意见，有许多经济学家都认为凯恩斯是在向稻草人挥动拳头，因为几乎没有任何人还持有这种所谓古典的观念。我们只须看看前《通论》时期的论述和了解经济学家在没有得到新的启示前在考虑什么问题，即可避免这一争论。我们想提出论点的一个横断面以说明当时流行的学说。

正像马尔萨斯在萨依定律（即供给创造它自己的需求）的问题上和正统的古典学派发生了长期的争论一样，凯恩斯在和正统派的同时代人争论同一问题上表白了他自己的见解。我们虽然或许永远无法知道凯恩斯从他的先行者那里得到多大的鼓舞，但我们可以肯定，他从马尔萨斯处吸取的东西不少，他对马尔萨斯曾公开表示其钦佩之忱。凯恩斯学派与非凯恩斯学派之间的争论在许多方面都和十九世纪的李嘉图—萨依—西斯蒙第—马尔萨斯的争论相同。

引起二十世纪三十年代主要争论的萨依定律，在泰勒（Fred M. Taylor）的《经济学原理》（*Principles of Economics*）中曾有非常好的说明，许多有名的经济学家无疑地都读过此书。此书写于1920年，在美国大学中曾有多年被采用为教本。此书整个说来是一本优秀的著作，它对萨依定律的论述如下。首先泰勒企图指出所谓上帝降灾能够刺激经济活动水平这一论点的谬误。他举一例，设有一屋主，其屋顶被狂风吹去。他说屋主替换屋顶的支出会在相继的周转中起反应并增加整个社会的繁荣。但是他问，这是不是就是需求的净增加呢？他忠实于萨依定律及其他古典传统，回答如下：

由于狂风为患，屋主被迫用于修换新屋顶的钱，如不用于这一用途，最终也会用去，仅不过用途不同而已；如果终被用去，它所创造的对商品和劳务的需求和用于修换屋顶正是一样的。①

这是一种最严格的古典论点；在产量既定的假设下，对某种活动的支出不过是其他支出的转向而已。泰勒认识到，说支出在屋顶方面的资金一定会花在消费方面并没有明显的理由，特别是如果屋主比较富裕的话。所以他假定，如无须修屋顶，屋主可能将此钱用于投资活动，譬如挖掘酒窖。这就把问题引到了令人感到疑难的地方。萨依定律的解说人常常假定有无限的投资机会。屋主的储蓄总可以在这一完善的体系中的某处找到投资的机会。

因此狂风丝毫也没有增加需求，它仅不过使购买的某一链子替代了另一链子而已。②

从长期来看，任何一个人对货物总需求的贡献和他的收入正好相等，既不多也不少。③

在某种意义上说，1921 年的泰勒并不比三十年代初期某些其他经济学家更差，因为他认识到，在存在着失业的短期萧条时期中，萨依定律可能无效；即政府对公共工程计划的支出也许不会使资金从私人投资市场中转移出来。但他并不认为这种情况会持续

① 《经济学原理》，纽约朗纳尔德(Ronald)公司出版，1923 年，第 197 页。

② 同上书，第 198 页。

③ 同上书，同页。

很久，因为他很明显地说过，从长期来看，萨依定律是有效的。他是一个长期的乐观主义者，他看到有无限的投资机会。

作为萨依定律基础的原则也不知不觉地出现在关于什么是适当的反萧条经济政策的讨论中。霍特里曾提出过某些与讨论这一定律并非无关的意见，可以在这里谈一谈。[①]

霍特里曾作为一个经济学专家在麦克米伦委员会作证，凯恩斯亦为该委员会委员。[②] 委员会的任务是提出能解救英国经济萧条的政策，霍特里曾对可能达到这种目的的各种方法提出意见。在政府支出问题上，霍特里称，无论支出来自税收或从储蓄中得到的借款，政府支出的增加不过替代了私人支出而已。他甚至考虑利用银行新信用举措政府支出资金这样一个"激烈的"意见，但他预言这样一种政策的结果是通货膨胀性的，是对金本位的一种威胁，因而会迫使利率上升，信用紧缩。他认为这样一种政策必定会自取失败，因为政府支出如来自银行信用，不过意味着私人企业以后再得不到利息低廉的借款。这种论点出自 1921 年的泰勒比之出自三十年代的霍特里会更容易令人理解得多。在失业达到这样高的水平时，经济学家怎么还会担心通货膨胀间隙(inflationary gap)呢？对于这一问题我们所能作的惟一回答是，他们在立论时必定是以萨依定律以及(或者)充分就业的假设为根据。因为英国某些知名的政治人物也有相似的论点，凯恩斯在他的论文中才极力主张支持公共工程计划。

---

① 关于对霍特里商业循环的货币理论的短评见后文。

② 在《中央银行的艺术》(*The Art of Central Banking*)1933 年版中重印。

不管劳工领袖或左派经济学家如何谈论凯恩斯的小资产阶级思想，他们终会看到，凯恩斯一贯反对把萧条归咎于劳工的那些理论。有不少学说认为造成失业的原因是妨碍资本主义体系自由运行的那些刚性(rigidities)，主要的刚性是使工资不能下降的障碍。如果人们对工作要求巨额报酬，他们如何能找到工作呢！庇古教授像霍特里一样，曾被邀请在麦克米伦委员会前作证。他把当前的困难归根于两种使资本主义力量不能自由运行的障碍，即各项工作中人力分配的不当，以及工资率超过一般需求情况所应有的水平。根据这种论点，他支持降低工资的政策。甚至在今天，庇古教授仍认为如我们能允许在我们的理论体系中存在有伸缩性的工资，则失业是不可能的。这一点在以后一章还要更详细地谈到。

另一降低工资的支持者是坎南(Cannan)教授，[①]他想以解释一个工厂或一个工业部门的失业的方法来解释一般的失业。他论称，在一个厂或一个工业部门的就业中，如果对产品的需求是有弹性的，则在工资率较低的情况下，能够雇用较多的工人。[②] 在总就业中，对产品的需求具有无限的弹性；因此如果工人不要求太高的工资，就可以雇用任何数字的工人，直到充分就业为止。所以他认为一般的失业是工人要求太高的结果。如果这一观点能代表这一时期许多经济学家的理论，那么说凯恩斯体系是革命的还有什么可疑呢？

熊彼特教授是一位对自己的信念直言不讳的经济学家。他认

① 见《对劳工的需求》，《经济季刊》，第42卷，1932年，第357页。

② 粗略地说，如果需求对价格变化很容易反应，我们即说对一种产品的需求是有弹性的。

为在一个完全的、没有摩擦的资本主义体系中不会有持久的失业。除了他的解释相对短时期变动的革新理论外，人们期望他能用摩擦与阻碍的理论来解释失业。他在萧条的初期提供了这样一种解释。[①] 他说萧条初期起着作用的力量是农业危机、保护、高额赋税、高利率、高工资以及缺少自由的价格变动。

庇古、坎南以及熊彼特的论点并不是不典型。许多经济学家觉得，在没有摩擦与障碍时资本主义体系是能自行调整的。他们论称，资本主义体系以前常常从危机中恢复过来，只要能从体系中将弱点除去，资本主义体系即会再从危机中恢复过来。事实上，在第一次世界大战以后，凯恩斯的思想也脱离不了这一范畴，他的观点的大改变把这一革命的轮廓完全描绘出来了。

但是，我们无须仅仅考虑那些虔诚信奉古典传统的经济学家的论著，以使人鲜明地感觉到凯恩斯思想代表着一种真正的发现。只要观察一下凯恩斯最近的信徒在思想形成时期所作的言论就可以清楚地说明这一点。汉森教授就是一个例子，说明一个凯恩斯今日的信徒在混乱的日子里曾经如何强烈地反对他现在根据近代凯恩斯经济学说所积极地支持的东西。从汉森在几年以后所建议的政策来看，他在当时的言论几乎难以令人置信。对那些思想方式不是太顽固和坚决的人来说，这一革命在经济思想和经济政策方面都意味着一个完全的转变。例如，汉森在 1933 年对接受凯恩斯的政策措施非常怀疑，特别是关于通过政府的计划刺激投资的

---

① 见《当前世界的萧条：一个试验性的诊断》，《美国经济评论》，第 21 卷，1931 年，第 179 页。

那些办法。[①] 他怕通过政府赤字、关税政策、现在购买运动(buy-now campaigns)、失业救济以及公共工程计划等以增加投资减少储蓄的措施会引起“荒谬的”结果。汉森非常担心凯恩斯派的政策对商业信心所引起的不利影响,他给人的印象是他所使用的观点是那时流行于经济学家间的一种古典的论点,即国家每花一块钱就意味着私人企业少花一块钱。他同意哈耶克的意见,如果认为政府花费就可以解除萧条,这是一种错误的看法,因为其负担将落在资本市场上。汉森保留这一保守的观念直到最后一刻,即直到《通论》出版。1936 年他还怀疑公共工程计划对刺激就业的作用。[②] 他和那些把公共工程计划看作权宜之计的人站在一边,同时很奇怪的是,他对乘数的研究方法没有什么印象。汉森的态度说明为了使职业经济学家信服新概念的有效,多么有必要写出一个完全的、正式的、优美的理论。凯恩斯在 1930 年至 1936 年期间的论著显然并未被人接受,直到凯恩斯在理论上加以证明,情况方始改变。

在和凯恩斯学派迥然有别的经济学家中,三十年代初期产生了一种非常流行的商业循环理论,称为新魏克赛尔学派理论。这一理论的基础为魏克赛尔的自然率和市场率的利息理论。瑞典经济学家很忠实于这一“宠儿”,并遵循魏克赛尔的路线进行研究。

---

① 汉森与赫伯特·陶特(Herbert Tout):《商业循环理论一年检阅:商业循环理论中的储蓄与投资》,《经济统计学杂志》(*Econometrica*),第 1 卷,1933 年,第 119 页。

② 汉森、博迪(Francis M. Boddy)、仑根(John K. Langum):《商业循环文献最近的倾向》,《经济统计学评论》(*Review of Economic Statistics*),第 18 卷,1936 年,第 53 页。

他们的最好的解说之一是密德尔(Myrdal)的《货币的均衡》(*Monetary Equilibrium*)。但为魏克赛尔理论装扮并在这一理论上大做文章的并不止瑞典经济学家;密赛斯(Mises)和后来的哈耶克发展了一个颇有名的商业循环理论,也被称为货币的投资过度理论(the monetary over investment theory),这一理论的分析乃从市场利率与自然利率之间的关系开始。

虽然凯恩斯的《货币论》也利用了魏克赛尔学派的利息理论(或某种近似它的东西),他的分析和密德尔、密赛斯以及哈耶克大不相同。密德尔很清楚地说明了这一学派著作家所使用的利率理论。他认为自然利率可由三个关系中的任何一个来决定:(1)在自然利率上储蓄(就表的意义说)等于投资,换句话说,储蓄等于自由的资本处理(也是就表的意义说);(2)自然利率是和稳定的价格相容不悖的利率;(3)自然利率为新投资的预期净报酬与它们的生产成本之间的比率。不过,密德尔并没有说清楚,根据他的第三个定义,自然利率为预期报酬与新投资成本之比抑或与总资本成本之比。但是,我们将在后文表明,这一观念与《通论》中的凯恩斯体系的资本边际效率的观念如何密切相关。关于这些条件,还有一个问题,就是他们之间是否相容一致。设对投资的未来报酬的预期是既定的,又设投资财货的供给价格水平是由一个完美体系中的其他方程式决定的,则从这些条件下得到的自然利率和从储蓄与投资方程式中得到的自然利率是不是一样?这一问题的回答决定于所使用的储蓄与投资理论。凯恩斯的革命发展构成了一个储蓄投资理论,对于一般的情况而言,这一理论给了这一问题一个否定的回答。

其他瑞典经济学家如林达尔(Lindahl)、哈马舍尔德(Hammarskjöld)、约翰逊(Johansson)以及奥林在萧条的初期都非常活跃。和密德尔一样,他们的研究都是魏克赛尔分析的扩展。他们充其量不过有一个关于价格水平及利率的精细的理论,但他们没有一个关于有效需求或就业决定的明确的理论。[①] 不过,在这些经济学家中间有些很聪明的想法值得指出来。像写《货币论》时的凯恩斯一样,他们对储蓄决定与投资决定二者间的区别有一清楚的概念。这对发展有效需求的理论虽不是足够的条件,但是必需的条件。如果认为足够低的利率可以使储蓄的决定与投资的决定达到均衡,那就尤其是一个不充分的条件。瑞典经济学家的利息理论的确蕴含着这样一个意思,即利率的操纵是保证充分就业的一个适当的措施。

瑞典经济学家的一个更为重要的发展是他们很强调预期在经济学中的作用。他们指出企业家的预期对形成投资的决定的重要性,但是他们未能把预期的理论和世界经济发展的当前阶段结合起来。要是他们能完成这种结合,他们一定已经得到利率与投资之间的一种不同的关系,而且一定已经被迫放弃他们的利息理论了。

货币投资过度理论家(主要是哈耶克和密赛斯)的工作从讨论魏克赛尔的利息理论开始直到全面解释循环过程。他们认为当市场利率被压低到低于自然利率时,积累的扩张过程就开始了。在

① 现在常有人认为瑞典经济学家在1936年以前曾独立地发展了许多凯恩斯的观念。但是有一点很重要,就是他们从没有发展过一个关于决定产量水平的理论,这一点是凯恩斯的主要贡献。

这一市场利率与自然利率有利的关系下，就有人从事投资，因为借款所花的费用小于资本的报酬率，而生产的结构将会伸长，就是说，生产非消费财货的工业相对于生产消费财货的工业而言将会得到扩充。不过，他们的理论的重要部分是说明为何扩充最终会陷于停止，不能无限期继续下去。对从逆转(down-turn)走向萧条的解释和凯恩斯体系的理论有所不同。为何扩张会告终止，即生产结构为何必会萎缩，哈耶克解释说，这是由于为满足丰富的投资出路，或者用他们的话说，为完成生产的结构，常会发生信用供给不足。哈耶克称，银行体系常常不能供应足够的信用，而人们又常常不愿意放弃消费以为部分完成的生产结构供给储蓄基金。根据这一理论，只要人们自愿储蓄，生产结构的伸长就会保持不受影响，而萧条就不会发生。哈耶克认为通过强迫储蓄不可能完成生产结构的伸长。他又说，过分的政府支出及赋税或者改变货币供给只会加速生产结构的缩短。最后，他不赞成通过货币供给的通货膨胀来克服萧条。简单地说，他是一个无为经济政策的热烈支持者。商业循环是一个不可反抗的不变的自然定律，如果听其自然，它常常会自行恢复到充分就业。

主张投资过度之说的作者显然只涉及短期的周期现象，而未曾企图讨论长期萧条的理论。这是因为他们有一观念，即肯定可以依赖货币因素使萧条得到恢复。只要把市场利率降低到自然利率之下，积累的扩充过程就会开始。他们显然忽视了自然利率理论的几个主要点。如果我们承认自然利率是新投资的预期净报酬与投资成本之比，那么我们很自然地就会想发展一个关于何者决定此一利率大小的理论。不过，这一学派的哈耶克、密赛斯或其他作者从未想到这一比率的分子也许很低，以致市场利率的任何实际波动都不会刺激投资。他们相信，自然利率总是很高，因此市场利率有可能低到足以刺激投资。

根据凯恩斯的革命来考虑哈耶克的这一理论非常重要，因为哈耶克学派的中心观念和使得凯恩斯理论倍形重要的中心观念正好针锋相对。哈耶克认为繁荣消失的主要原因是缺乏可供利用的储蓄来为恒在的、无限的投资机会提供资金。对哈耶克来说，繁荣决不会因缺乏投资出路而中断，它的消失常常是由于稀有的储蓄不能为丰富的投资出路提供资金。他坚持一种假定的产量的理论；因此支出不是用于消费即用于投资，资金用于消费即表示不能用于投资。事实上，哈耶克在评论《货币论》时曾称：凯恩斯只有采取以下观点，才能对循环作正确解释：或者是消费财货产量增加，或者是投资财货产量增加，二者必居其一。[①] 怎么能说这不是意味着一种既定就业的假定呢？凯恩斯的一个重要贡献是，他特别着重这一点：在资本主义私人企业中，寻求增加的投资出路有其限制。哈耶克的关于丰富的投资机会、既定就业、消费财货生产或投资财货生产二者必居其一以及缺乏自愿储蓄这些理论与凯恩斯的理论是全然不同的。人们不会看不到是什么差别造成这种不同，哈耶克对于经济过程的描述正和事实不符。

最后，哈伯勒(Haberler)的有名著作《繁荣与萧条》(*Prosperity and Depression*)，对于经济学家开始谈论凯恩斯的消费与储

① 《对凯恩斯先生纯货币理论之意见》，《经济》季刊，第11卷，1931年，第270页；及12卷，1932年，第22页。

蓄函数、乘数、资本的边际效率和灵活偏好等观念之前所主张的各种商业循环理论作了很好的概括。在这里我们不妨观察一下书中所述的各种理论，并看看凯恩斯的主张与这些学说有什么不同。

首先是霍特里的纯货币理论，认为“货币流量”的改变是商业波动的惟一原因。商人对利率改变的敏感性是这一理论的中心要点，因为霍特里相信低利贷款政策会诱使商人投资于流动及运用资本（例如存货）而促进恢复。根据这样一种理论，经济停滞实际上是不可能的。很难理解一个二十世纪二十年代在英国生活的经济学家怎么会支持这样一种理论。

就利率对投资的影响来说，霍特里的理论在某种意义上与《货币论》有一点相似。但是凯恩斯虽然认为低利率会刺激投资，另一方面他却说低利贷款政策只能指望对固定资本而不是流动及运用资本发生影响。凯恩斯认为运用及流动资本在循环过程中极端重要，但他并不认为它们的波动对利率的改变具有敏感性。然而，把霍特里的理论与凯恩斯的革命所涉及的理论相比较比之与《货币论》的理论相比较更为适切一些。新理论的主要一点是投资并不单独决定于利率，同时投资并不是可以无限地扩充。对革命的凯恩斯体系作任何实际的说明都不可能认为低利贷款政策总会促进恢复。霍特里支持一种极端乐观的观点，他和新的凯恩斯学说的中心理论绝少相似。

哈伯勒称之为投资过度的理论也是一种得到不少的人信奉的理论，因为这不过是哈耶克理论的另一名称。其他支持这一理论的人有马奇乐普（Machlup）、密赛斯、罗宾斯（Robbins）、罗伯凯（Röpke）、史特瑞格尔（Strigl）。这一理论与凯恩斯学派的区别很大，上文已经述及。但是投资过度理论家中的非货币流派（non-monetary branch）包括一些与凯恩斯更有关连的著作家，虽然他们自己也许不愿意承认这一点。事实上凯恩斯曾大大地吸取了他们的观点。非货币学派的著作家包括斯派索夫、图干·巴拉诺夫斯基、卡塞尔，或者还可以包括熊彼特。

非货币投资过度理论家与写《通论》的凯恩斯相似之处正与他们以前与写《货币论》的凯恩斯相似之处是一样的。在《货币论》中，凯恩斯承认赞同他们的意见，即投资水平的剧烈波动为循环变动的动力。凯恩斯长期以来认为，造成灾祸的是经常在变动的投资率，这是一个半独立的变数①，在很大程度上取决于对其他变数未来水平的或然性的判断和预期。但这两种理论的相似之处不过如此。非货币投资过度理论家没有满意地解释在扩张时期之后危机的发生范围。他们认为资本的短缺引起灾难。他们从不考虑投资机会缺少的可能性。他们未能利用他们自己的关于造成投资水平波动的不定及预期行为的理论。他们认为只要人们不消费过度（这种行为使投资财货难以获得以完成生产结构），繁荣就可以继续。在另一方面，凯恩斯曾表明，对消费的支出正和对投资的支出一样，对收入和就业水平是一种刺激。认为萧条是由过度消费引起的理论都是反凯恩斯的理论。

哈伯勒认为以加速原则（acceleration principle）作为基础的理论（根据这一理论，投资决定于消费的改变率）其特点不过是更为

---

① 所谓独立的变数是指不能用纯经济力量解释的变数。它依存于政治、社会、技术及其他力量。在文献中用的另一同义字为“外长的”（exogenous）。

一般的投资过度理论。加速原则同样可以很容易地纳入凯恩斯的体系中;因此无须在这一阶段进一步考虑。

其他为哈伯勒所谈到的理论尚有商业循环理论的消费不足学派。[①] 饶有兴趣的是,哈伯勒认为这些理论的科学标准较投资过度或货币理论的水平为低。对此我们殊难同意,因为这些作者中的许多人比之所谓科学理论更接近于真理,幸而正统的说法不是科学标准的惟一尺度。这一学派的著作家如马尔萨斯、西斯蒙第、霍布森(Hobson)、福斯特(Foster)以及卡钦斯(Catchings)都是《通论》的先见者。

储蓄过度或消费不足在两种意义上说来是有害的。第一,可能会出现相对于投资机会而言的储蓄过度;即可能出现比投资所能抵消的为多的储蓄。对于凯恩斯学派理论而言,储蓄未被抵消就代表储蓄过度,而对其他许多消费不足论者如霍布森、福斯特、卡钦斯等来说,储蓄过度乃指储蓄得到抵消,但超过某一水平。因此凯恩斯理论对于萧条初期出现的消费不足理论是一个很大的改进。但尽管消费不足论者理论结构错误,他们的政策措施与凯恩斯学派经济学的论点都很相一致。他们的刺激消费水平的政策——如收入的再分配,在凯恩斯的理论中也认为会有助于提高收入水平。许多消费不足论者像其他一些经济学家一样,认为在任何储蓄水平上都有充分的投资出路,这是他们的主要错误。

① 消费不足论者亦为凯恩斯理论的先驱者之一,这一点将在以下第五章中详细讨论。

第三章　新与旧

凯恩斯的革命的贡献是什么？如上章所述，凯恩斯的革命发展了有效需求的理论；即决定整个产量水平的理论。

主要的经济问题有两个——获得充分就业的问题和在充分就业的经济中分配资源的问题。凯恩斯曾说明就业水平如何得以决定，从而提供了着手解决第一个问题的理论。对于第二个问题，他不敢提出解决办法。不过为了能够考虑第二个问题，必须先解决第一个问题，他所做到的，仅此而已。

本章的任务是从最基本、最初步的在经济上应考虑的问题来阐明凯恩斯的理论，将理论与实际世界相比较，最后将新理论与古典理论相比较。

凯恩斯体系和理性的行为

凯恩斯经济学的中心问题和整个体系的运行相关，而大多数经济学理论仅涉及单个家庭及商厂的行为。凯恩斯学派从未充分考虑过从以个人和单一商品为基础的基本理论中引申出一个以个人社会及商品群为根据的理论。用现代经济学的术语来说，这是一个从微观经济学(micro economics)过渡到宏观经济学(macro economics)，即集总(aggregation)的问题。

某些经济学家猛烈攻击凯恩斯理论，因为它根据一些总体概念如总消费、就业、收入等来叙述问题。他们评论说，这些总体概念脱离更基本的个人经济概念，因而会令人误解，并且是不正确的。例如，经济学家问，如果不考虑社会内收入的分配，怎么可能得到社会总消费与社会总收入之间的稳定关系呢？

指出如何可以克服集总的困难是一个非常技术性的数学问题。这里只说明一般的方法和最后的结果。[①]

个人行为的理论提供了经济内部整套的内在关系；例如，它们说明了体系内每一商品的需求与供给关系。这是有名的瓦尔拉(Walras)的一般均衡体系。这一体系的数学说明或许会涉及有着几百万个未知数的几百万个方程式，这是一个难以理解的难题。我们如想作出任何有用的经济判断，就必须把这一体系简化为基本价格总数与数量总数之间可以掌握的几个关系。

如果我们对发生兴趣的每一总变数及总变数中各个成分之间的精确关系加以确定，[②]则各总变数间也许就会存在特别的一套关系。前已表明，某些集总程序会导致微观经济学与宏观经济学命题之间的非常简单的形式上的类似。关于这一点的一个例子是：在一个完全竞争的经济体系中，在利润最大限度扩大化的合理条件下，单一工厂对某种特殊类型劳力的需求会使得这种劳力的

① 要了解更精确的解答，可参阅德瑞奇(F. W. Dresch)：《指数与一般经济均衡》，《美国数学学会会报》，第44卷，1938年，第134页及克莱因：《宏观经济学与理性行为的理论》，《经济统计学杂志》，第14卷，1946年，第93页。

② 换句话说，如果指数已确定的话。

工资恰等于这种劳力边际产品的价值。一个这种类型的工人，只要他贡献的收入大于成本，他就会成为劳动力中的一员。宏观经济学的类似命题称，只要平均工资率小于新劳动者增加的国民产品的价值，整个体系就会需要更多的劳力。在本书中，就业量、工资率、价格水平和产量都是根据单一数量计量的总数，因此这种和微观经济学关系相类似的东西也是存在的。它们意味着同一件事情，经济体系就好像是由两种财货（消费财货与生产财货），两种工业（消费财货工业与生产财货工业）和两种生产原素（劳力与资本）所组成。不过，如上所述，这一做法并不是没有它的道理的。

在一个已定时期内国民经济中货物与劳务的总生产通常称为国民收入。这一收入是由两部分组成：消费财货的生产与生产财货的生产。我们第一个任务乃在决定是什么变数影响对这两种类型货物的各自的总需求。

我们从公认的消费者行为理论了解，如果一个家庭最大限度地扩大它的满足（或偏好），但受到预算不得超过收入的约束，则一特定的家庭对某一种消费财货的需求决定于家庭收入及家庭预算中各项货物的价格。通过适当的加总方法，我们可以发展出一个类似这种需求表的东西，它表明每一家庭对实际消费财货的需求决定于消费财货的一般价格水平、利率（它使将来的消费财货价格与当前的消费财货价格相联系）以及家庭的货币收入。如假定在全部价格和收入以同一比例改变的情况下，家庭不至于改变它们对消费财货的支出，则问题可以进一步简化。这样，影响消费的有关变数为实际收入，即已根据价格变化调整的收入，而不是各别的货币收入或价格水平。这一使用实际收入代替各别的货币收入和价格的简化办法虽不重要但很方便，在讨论中我们将加以利用。利率仍然和以前一样，为影响消费的变数之一，因为它是一个“纯”数字，与衡量的单位无关。我们还没有因为我们有这种每个家庭的消费关系而引申出我们准备建立的凯恩斯的基本关系。不过，为确立消费和收入关系的更为具体的性质，可以求助于实验的家庭预算研究。在已经作过的关于美国的预算研究中，每一收入阶层的平均消费支出随每一阶层的平均收入而变化，这种变化沿着一根正面倾斜的直线进行，这一直线代表的收入范围实际上包括所有的收入在内。[①] 这意味着和从一个收入阶层到另一收入阶层的变动相应的消费改变对所有收入阶层而言是不变的。因此收入的再分配使总消费几乎不受影响。如果从三千五百元收入阶层中的某人取去一元给予一千元收入阶层的某人，则前者消费的降低恰等于后者消费的增加。因此在收入分配改变的情况下，消费几乎不变，我们可以大概地说：

社会消费决定于利率及社会实际收入水平。

这一基本的凯恩斯的关系具有重要的特点。利率的改变对消费水平的影响极微，这或许是事实。甚至不能在事先说出利率的增加会增加还是降低消费。在一方面，有人会更为节俭，减少对消费财货的支出，因为他们可从没有支出的收入中得到较高的利息。另一方面，凡是节省目前的消费以便在将来获得固定年金的人会看到他们可以节省得少一些便积累足够的资金以得到他们的年

---

① 收入高至每年 5 000 元的也包括在内。

金。因此,他们对消费财货的支出会增加。更难说哪一种影响更大。这是一个只能从实验解决的问题。我们可以分析能得到的有关消费、收入和利率的资料,以观察后一变数是否会发生任何影响。就统计的结果而论,还没有哪一个经济统计学家在考虑消费与收入的相互关系时,曾发现消费与利率之间有任何重要的关连。因此我们可以得到这一结论:消费函数对利息无弹性(interest-inelastic),即消费对利率的改变没有敏感性。

消费与收入之间的关系显然是:收入的增加会导致消费的增加。消费收入关系的另一个较不明显的特点是:如收入增加微小,所引起的消费的增加更小。用凯恩斯的术语来说,这就是边际消费倾向小于一。这一概念是凯恩斯体系的一个重要特点,因为它是经济的稳定力量之一。如果消费者支出的增加经常超过收入的增加,则在整个时间内体系的动态过程或许会具有爆炸性。人类历史会面临日益巨大的波动。边际消费倾向小于一这一事实会抵消造成更大波动的扰乱力量,虽然不一定成功。

从家庭预算研究及消费与收入时间级数所得的资料证实上述稳定条件的存在。从这两种资料计算出来的边际消费倾向都小于一(在大多数情况下介于零点六与零点八之间),这一点很有意义。

经济学家常常说,消费支出应取决于所积累的现金余额以及收入。我们在上面已经看到,在消费者行为理论中,收入通过作为预算的一种约束而进入消费函数之中。当然,如果说家庭会计划它们的预算,使得消费支出不会超过当前的收入,也不免武断。它们可以动用积累的流动储蓄,因而使支出超过当前的收入,不至发生问题。一个更为一般的理论会告诉我们,一个家庭的总支出受它的收入和流动资产或者这二者的某种渐增的函数所限制。至于流动资产和当前收入是否为影响消费支出的重要变数则是另一争论问题。这一问题只能根据事实解决。在两次战争中间这段期间，如把个人现金余额作为流动资产的代表，我们发现在考虑消费和收入的关系时，消费支出和现金余额之间并没有重要的关连。在战后时期，个人手中持有的大量流动资产以及对耐用消费品的渴求也许确会对消费倾向发生很大的影响。但这不是和平时期正常的关系。

对于消费及其说明的变数(explanatory variables)所述各点均可直接转用以说明储蓄。因为在凯恩斯体系中，消费与储蓄之间有一简单的定义的关系。"储蓄"被下定义为未消费的收入。任何付给生产原素的收入，加上没有用于消费财货的未分配的利润都被下定义为储蓄。如果消费决定于利息及收入，则储蓄亦决定于利息与收入。如果边际消费倾向为正数并小于一，则边际储蓄倾向亦为正数并小于一。根据定义，边际消费倾向加边际储蓄倾向等于一。

随着利率的改变而引起的储蓄的变化与消费的变化方向相反，而绝对值则相等。对于所有实际的和观察的(observed)收入水平而言，收入减消费都同样地等于储蓄。收入减去消费表即等于储蓄表。这一点不能与以下一点相混淆：收入减观察的消费等于观察的投资。后一等式和对收入的实际(不是观察的)水平适用的恒等式不是一样的；这一点以后还要谈到。

我们体系中生产的另一类财货为生产财货，生产财货为企业所需要而不是家庭所需要。

说明生产财货的需求的最简单的经济理论是认为经济学家对生产财货的需求数量无甚可说的这一理论。这一理论认为对生产财货的需求取决于对未来市场、技术发展、人口增长及其他各种不定力量的预期，对此经济学家缺乏充分的理论。这些因素均可概括地名之为熊彼特教授所称的革新(innovations)。事实上我们知道写《货币论》的凯恩斯无保留地接受了熊彼特的革新理论，认为这是循环过程后面的动力。

这一观点无疑很极端。投资活动或许确是独立的，取决于与此处研究的经济数量无关的因素。但是应看到，在资本主义经济中商业厂总是企图寻求尽可能大的利润，这会使他们对资本财货的需求和价格行为、销售行为和资本积累行为等相适应。

凯恩斯的关于资本财货的基本理论可以归入资本边际效率这一题目。这一理论以最为古典派所接受的利润最大限度化的理论为基础。我们似乎最好是从遵循最适度原则(optimal principle)的个体单位的行为中发展出一种理论，然后引申出整个经济的总关系。

根据凯恩斯的理论，对于单一的厂而言，只要增加的资本财货的预期未来收益在适当贴现之后会超过此一资本财货的价格，它就会愿意购买这一资本财货。所谓资本的边际效率乃等于某一贴现率，用此贴现率将该资本财货之滚滚而来的预期收益折为现值，其值恰等于新资本财货之价格。根据凯恩斯的利润最大限度化的程序，就有可能得出资本财货需求与某些重要变数之间的明确关系。

单一的厂在某种技术条件范围的限制下，总是企图最大限度地扩大其预期利润。利润取决于价格、销售、生产原素的使用及其成本。此外，技术的限制使生产原素的进货与最后产品的产量之间具有确定的关系。利润最大限度化受到这种限制，由此可以引出凯恩斯的命题：只要资本财货的价格小于它们预期未来收益的贴现值，则对资本财货就会有更多的需求。

如果能适当地计量总数，则适用于整个经济的相应关系是：只要资本财货的平均价格小于滚滚而来的预期收益的贴现值，则企业家社会就会需求更多的资本财货。关于这一点，有一个很好的数学结论(见本书附录)，表明如果整个经济的技术(进货与产量)关系遵循某种公认的实验形式，则对资本财货的均衡(最大地扩大利润)需求决定于未来国民收入的贴现值与资本财货平均价格之比率，也决定于资本的累积数量。如果我们进一步假定预期的国民收入决定于最近观察的国民收入水平(预期岂有其他办法决定?)，而体系中只有一个价格水平，则我们得到以下一个基本的凯恩斯关系：

对资本财货的需求决定于国民收入的
实际价值、利率以及累积的资本数量。

体系中只有一个价格水平的假定对于上述命题并不是很重要，此处作此假定不过是为了简化。即不作此假定，仍能很容易地构成命题。[①]

细心的读者应当会注意，关于资本财货的需求，我们从单一的厂最大地扩充利润的情况直接进到整个经济最大地扩充利润的情

① 见伊文思(G. C. Evans)：《简单化经济体系中最大生产之研究》，《经济统计学杂志》，第2卷，1934年1月，第37页。

况,并未求助于统计事实。这一点所以可能乃由于关于商业厂的行为理论仅涉及客观上可衡量的数量如利润、产量、就业、资本等,而关于家庭的理论则以主观数量如满足、优先等为基础,对不同的个人而言,这种数量不能衡量亦无法比较。将各别的商业厂的单一利润、产量及进货加为一个总数比较容易,但要把无法衡量的个人的满足相加则属不可能;因此就必须求出消费财货的单一需求关系,然后把整个经济的数字相加起来。在目前的情况中,可以直接从总生产与总利润中,得出资本财货的总需求。①

我们不妨考虑一下在实际的经济活动世界中影响投资的几个变数的相对重要性。我们在前面曾作结论说,消费支出对利率的改变是不敏感的;我们也可以作结论说,购买资本设备的生产支出对利率的改变是不敏感的。利率在生产财货的需求关系或投资中所起的作用是通过它对应用于预期未来收益的贴现率所起的影响。在个人都具有预见的、行为完善的世界中,贴现率应恰好等于利率。但在这个有趣的实际世界中,在资本主义国家里,巨大的风险与不定伴随投资机会以俱来。适当的贴现率必须计及这些风险和不定,因此必须大于利率。适当的贴现率是由利息成分和主观风险成分组成。后一成分不仅是经济学的研究对象,也是心理学的研究对象。贴现变数中的非利息成分也许远较利息成分为重要,因而使利率的任何波动不会具有很大的关系。

由于今天世界上的事情包含的风险很大,使得商人们在他们的投资决定中总是倾向于"看跌"。他们要求一项资本资产必须在

① 见德瑞奇前引书及克莱因前引书。

一至五年内偿清本值，虽然他们知道一项资产的有用寿命可能远较五年为长。在给商界人士提出的实际问题中已经证实了这一点。[①] 如果在作投资决定时，对将来报酬贴现计算期限不到五年，则利息的计算当然无从起重要作用。根据现在利率计算的贴现率根本不可能占有重要的比例，除非商人考虑的年数远较五年为长。投资的管理及其他成本将远远超过按照当前利率将一笔收入川流贴现五年期限所引起的成本。在经济的某些部门中，期限较长，利息费用或许确较重要。公用事业及运输即为期限超过平均数的工业之例。但就整个体系而言，投资对利率的改变是不敏感的。

除了期限短之外，使企业家在作投资决定时忽视利息波动的另一原因和很多企业从内部筹措资金这一新现象有关。商人似乎在心理上乐于运用未分配利润，折旧及其他储备中所积累之剩余资金供应投资活动所需之资金。从理论上来说，有理性的企业家在运用他的内部资金作投资之用时，应当照算利息成本，但事实上他不会这样做。内部资金的运用会使投资者忽视市场利率的波动。

小厂购买资本设备时，当然不是都能够从内部积累的资金达到目的。但在投资决定中具有重要作用的大公司拥有巨额的运用资本，可以用来作为增加新厂及新设备之开支。

这些关于投资对利息缺乏弹性的说明已经为各种实验研究所证明。有两项研究系以向许多抽样的商人提出的征询意见表为基

① 参看埃尔福(L. P. Alford)：《制造工业的技术改变》，载《最近经济的改变》，纽约，1929 年，第 139 页。鲁斯·麦克(Ruth P. Mack)：《商业资金之流动及消费者购买力》(*The Flow of Business Funds and Consumer Purchasing Power*)，纽约，1941 年，第 255—256 页。

础，该项研究肯定地表明，商人在作投资决定时，大多不重视利率。[①] 也有人做过经济统计研究，以决定影响投资各项因素的数量上的重要性。廷伯根(Tinbergen)在其研究中发现，在他的统计模型的投资方程式中，利率是一个不重要的变数。本书作者也曾为整个经济及各个部门如农业、制造业、矿业、公用事业及运输、房屋建造业等进行过投资方程式的统计计算。在几个试验性的说明中，证明利率很少是统计学上的重要变数。

凯恩斯一贯赞成低利率，以刺激投资活动，使其达到高水平。不过，在他写《通论》之时，他对用以影响利率的货币政策信心已较小。这在他的理论发展中显然只是暂时的丧失信心，因为在几年之后，他又改变了想法，重又恢复往日的乐观信心。例如，我们可以比较他的以下两段话：

> 就我自己而论，我现在有点怀疑，仅仅用货币政策操纵利率到底会有多大成就。国家可以向远处看，从社会福利着眼，计算资本财货之边际效率，故我希望国家多负起直接投资之责。理由是：各种资本财货之边际效率，在市场估计办法之下(办法已如上述)，可以变动甚大，而利率之可能变动范围太狭，恐怕不能完全抵消前者之变动。[②]
>
> 最近有的论文称，利率在决定投资量方面所起的作用很小，此点远不能令我信服。在开始变动时，其他影响因素如需求的增加等或许常常会起主导

---

① 埃伯索尔(J. Franklin Ebersole)：《利率在商业上对企业决定之影响——一个实地研究》，《哈佛商业评论》(*Harvard Business Review*)，第17卷，1938年，第15页；汉德逊(H. D. Henderson)：《利率之意义》，《牛津经济论丛》(*Oxford Economic Papers*)，第1号，1938年，第1页。米德与安德鲁斯(J. E. Meade and P. W. S. Andrews)：《对利率影响问题答案的摘要》，《牛津经济论丛》，第1号，1938年，第14页。

② 《就业、利息和货币通论》，第164页。

作用。但谓在某一已定数字上,以及当利率由高变低使较大规模的投资可能在较长时期中继续进行时,低利率不能对支持投资起很大的作用,则我殊不能相信。[①]

根据理论与观察,投资水平与实际收入水平的关系是,投资与收入成正数的关系,边际投资倾向小于一。事实上,在凯恩斯体系大多数动态模型中,我们可以发现比这为强的条件。为使体系能动态地稳定,边际消费倾向加边际投资倾向必须小于一。[②] 作者从对经济统计模型的广泛计算中得到以下的结论:投资与消费二者和收入之间的关系可以满足稳定条件。

我们还记得,投资函数(对资本财货的需求)是从下列原则引申出来的:企业家需要生产原素之数量恰是可以使他的预期利润在某一计划水平得到最大扩充的数量。如果我们所考虑的生产原素为在任何情况下都可使用数年的耐用资本设备,则企业家在考虑对这些设备的需求时必须考虑未来几个月中他预计能销售的数量。关于这种未来销售的最好客观资料显然可以从计划期间的销售水平,或从它们的改变率或加速率中获得。通过引用时间间隔的销售(lagged sales)——国民收入——以及影响投资的重要生产原素的当前销售,可以发现这些预期销售衡量的统计近似值。

对许多问题而言,我们仅对全部时间间隔(lags)都等于零的静态体系感到兴趣,但对一般情况而言,特别是为了从统计上证明

① 见摩德凯·埃扎基尔(Mordecai Ezekiel):《储蓄、消费及投资之统计研究》,《美国经济评论》,第32卷,1942年,注10,第283页。这一段引文转引自该文所引凯恩斯一信。

② 参阅前文,根据定义,边际消费倾向加边际储蓄倾向等于一。

凯恩斯的理论，引用适当的时间间隔是重要的。只要我们能适当地证明必然存在于投资函数中的时间间隔，就能在实际资料中找到投资与收入间的真正关系。

影响投资决定的最重要因素之一为资本积累，但不幸这一因素常被忽视。这一因素一直为马克思主义的著作家所强调，但从未很适当地纳入小资产阶级经济学的理论模型中，虽然在附录中表明，投资表中资本数量所起的作用在逻辑上可以从以利润最大限度化为基础的关于工厂的古典理论推论出来。资本积累对投资之影响肯定地应成为成熟的经济学派的主要支柱之一，但这一理论的支持者与评论家都未能充分注意这一变数。

凯恩斯自己对资本数量的论述也极其浮面。他忽视这一变数，理由是他所涉及的是一短期理论，资本数量不可能很显著地变动。他认为在任何一点时间资本都属已定，因为这是由体系的历史模型所决定的。因此资本数量是一个预先确定的变数。另一方面，后来的凯恩斯派关心的是长期均衡，在长期均衡中投资与储蓄变为零而资本数量则被看作是一个明显的变数。在附录中实际上提出了这样一种体系。但在长期均衡与短期均衡之间是否有一种中间阶段？这一阶段没有这些极端情况中的人为的东西。

资本积累似乎最能说明一种成熟经济的存在。当一个体系积累愈来愈多的生产装置和设备时，新的和现存的资本所获报酬率就会下降。[1] 在一个富裕的社会中，当资本报酬率较低时，投资机

[1] 用凯恩斯的话说是资本边际效率渐降理论，在马克思体系中则为利润率渐降理论。

会就会消失。除非有较高的消费水平(表)来填补空隙,经济呆滞的情况就会开始出现。例如,二十世纪二十年代美国房屋建筑的繁荣导致住宅资本的积累,使租金开始下降,新的房屋建筑投资在一个很长的时期内一直很低。其他工业也出现过同样的现象。除非体系中出现革新或其他外在的刺激(如战争),投资活动的水平可能继续低落。

统计研究显示投资活动与资本数量之间的很强的反面关系。这种关系可以很容易地从整个经济和主要工业部门中观察到。

从凯恩斯体系的储蓄与投资关系中我们了解家庭与商业厂如何作出关于处理当前收入的决定。但在人们决定是支出还是储蓄他们的收入之后,他们必须作进一步的决定。他们必须决定以何种形式保持他们所积累的储蓄。一般地说,他们可以选择持有货物,证券或者货币。我们已不明确地分析过关于持有货物的决定。在商业厂中,资本包含固定资本与运用资本,因此对投资或生产财货的需求包括对存货的需求。我们只要计划每一时期对资本的需求并估计折旧,即可得到对总资本资产包括存货形式的可销售货物在内的需求。同样地,我们可以累积计算家庭每一时期对耐用消费财货的需求,从而得出对消费财货的需求。尚待表明的是怎样决定对其他资产即货币与证券的需求。

个人和商业厂都必定具有偏好尺度或效用函数,表明满足和各种证券与货币的持有之间的关系。如遵循消费者行为理论的一般做法,就必须把这一函数扩大到最大限度,而这又决定于资产持有的结构,并受到以下限制:个人持有的资产及货币总数不应超过最初的移存(initial endowment)加个人过去历史上积累的储蓄。[1]从这一最大限度化的过程中可以得出货币及各种证券的需求方程式。这些需求关系说明对货币的需求决定于各种相对的证券价格,货币的价格(根据定义等于一)以及积累的储蓄的限制因素。如果能适当地计算总数,则社会关系为:社会对货币的需求决定于证券的一般价格及社会积累的财富。社会对证券的需求也取决于证券的价格及积累的财富。不过,并不需要兼有两种需求关系。如果货币的需求是作为和证券形式的收益资产相对立而决定的,则仅须了解货币的需求就够了,因为货币及证券的持有总数不能超过在体系中其他地方已经说明的积累的储蓄。如果我们知道储蓄的过去情况和当前的货币需求,证券的需求即可作为余数推算出来。另一方面,我们也可以把证券的需求作为主要的关系,那么就不用引入对货币的需求。

我们依照凯恩斯的做法,把货币的需求而不是证券的需求作为总体系结构中的剩余环节。

灵活偏好方程式似与凯恩斯的方程式不同,虽然这种不同只是表面的。可以把利率写下代替证券价格,作为一个影响货币需求的变数。证券的价格和利率有反面的关系,我们可以随意用其中一个或另一个变数。另一影响货币需求的变数为积累的财富,积累的财富限制了整个经济所持有的货币和证券总数。不过,财富变数是体系中创造收入的总财富。这一财富也可以用国民收入

① 在附录中提出了一个较为一般的理论,说明家庭效用函数同时决定于货物的消费及资产的持有。

与利率之比表示，和我们在把一项资产的收入流量(income flow)资本化时通常所做的一样。这样，货币的需求就取决于利率和收入水平。我们已经达到了我们的目标——凯恩斯的灵活偏好函数。

根据凯恩斯对持有货币的动机的分析，除流动与投机动机外，还有其他动机使得人们在货币与证券之间进行选择。其中之一为事先谨慎动机，即现金余额不会低于为应付某种极端紧急之事所必要的最低水平。最后还有交易动机，在进行日常事务时，为方便计，人们常以现金形式持有他们的收入的一部分。交易动机和事先谨慎动机显然没有引入任何可以影响货币需求的新变数。

货币的需求决定于利率及国民收入水平。

这一基本的凯恩斯命题可以根据实际现金余额引申出来，在这种情况下，适当的说明变数是实际收入水平。这一命题也可以根据货币余额引申出来，在这种情况下，可以用国民收入的货币值。在两种情况下利率都是一样，因为它是一个纯数字。

货币需求与利率的关系是负的，即利率下降会引起货币需求的上升。如果利率高，则持有证券而不持有现金较为有利，因为可以享受大额利息收入。相反的，如利率低，则持有货币比之持有证券更好。但是，凯恩斯除说明货币的需求与利率成反比例外，并暗示这种需求是有弹性的。他说利率有个最低限度，这一限度适足以抵补贷款的最低成本与风险。根据他的理论，当利率相当低时，灵活偏好函数有无限利息弹性。

资料表明在两次战争中间定期存款(闲置余额)与美国社团债

券的平均收益之间有很高的反面关系。有某种制度的力量使现金余额数量一向稳步上升,同时使利率不断下降。因此,它们的反面关系可以归因于凯恩斯灵活偏好理论以外的一种共同原因。不过,可以把趋势的影响抽出来。在消除趋势的影响之后,从资料看,二者间仍存在很强的反面关系。凯恩斯理论有坚固的实验基础。①

不过,关于凯恩斯假设的无限弹性,并没有充分的证明。这种弹性也许存在,但在低利率上下并没有足够的观察结果可以证明他的论点。

如所预期,在抽去利率的影响之后,在货币需求和收入水平之间仍有密切的关系。单在交易动机的情况下,活期存款数量加流通现金与收入水平之间也可以发现一种直接的相互关系。二者间有着很密切的正数关系,这种关系的存在是没有问题的。

根据凯恩斯体系的通常说明,体系的其余组成部分为现金余额的供给。标准的假设是,用货币计算的现金余额的供给是由银行体系独立决定的。关于储备比率、黄金政策、贷款政策(这些都由中央银行的行动决定)等的成文的与不成文的定律都不能根据肯定的经济行为方式加以公式化。货币的供给是随中央银行的决定而定,中央银行也许遵循一种行为方式,也许并不如是。我们可以不假定这种供给是独立的,而假定它是取决于贴现率,但因涉及的非经济因素很多,对此变数似乎最好不加解释。

① 英国也得到同样的结论。见勃朗(A. J. Brown):《利息价格和闲置货币需求表》,《牛津经济论丛》,第 2 号,1939 年,第 46 页。

通常讨论凯恩斯经济学总是从消费或储蓄表，投资表和灵活偏好表着手。对许多问题来说，这样做是足够的。如果用货币的流量来说明问题，则以这些表表达的体系是完全的。在短期理论中，假定资本数量已因过去历史而定，并非体系中的明显变数，则这些关系是：

> 作为利率及收入函数之货币储蓄等于作为利率及收入函数之货币投资。
>
> 独立的货币供给等于作为利率及收入函数之货币需求。

由此立即可见有两个方程式和两个变数——利率和收入。[①]在将体系中这些变数解出以后，即可能代入储蓄函数并计算储蓄值。知道了储蓄（＝投资）和收入之后，我们可立即决定消费水平。

如果根据实际数量或凯恩斯使用的工资单位写出模型体系，则这一简单体系本身不足以决定全部变数。这是因为独立的货币供给只能应用于货币现金余额水平而不能应用于实际现金余额。银行体系可以决定供给多少数目的美元，但不一定能决定与价格水平或工资率相关的美元数目。我们需要另外一些能说明更多的相互关系的资料，以决定工资或价格的绝对水平。

不过，只须在几个变数之间多引用几个方程式，即可补救这一情况，这些方程式我们还没有明显地引用过。

---

① 我们已假定当储蓄函数以货币流量表示时，价格水平不会明显地包含在这一函数中。

为从利润最大限度化的理论中引申出投资函数，我们曾引用过生产函数，此一函数表明总产量与生产原素投入量之间及劳力与资本之间的技术关系。

受到上述技术关系限制的资本的变量方面的利润最大限度化过程使我们能引申出投资函数。在劳力投入量方面，利润也能最大限度地扩充，从这一点可以引出下一命题：平均实际工资率等于劳力边际产品，即一个人在最后一小时内完成的工作量对出产的贡献。这样我们就可得到劳力量与实际工资率之间的关系。

对劳力的需求决定于实际工资水平。

对于一个在实验上已经确立的生产函数形式，我们可以实际计算边际生产力。[1] 它与总产量和劳力总投入量之间的比率成比例。根据产量、就业、工资和价格的资料所作的统计试验清楚地表明平均实际工资率和边际生产力（或者在特殊的生产函数中，为一个人在一小时内的产量）之间存在着所指出的正面的关系。

还缺少一种关系，即劳力之供给。劳力之供给是一张表明在每一工资水平上会有多少劳力服务被提供出来的表。这里出现了一个难题。在劳力供给曲线方面我们采用实际工资还是货币工资？古典体系把劳力的供给和实际工资相联系，但凯恩斯反对这种联系而代之以和货币工资相联系的供给曲线。凯恩斯对供给表所作的修正并不止这一点，因为他还确定了供给曲线的形状。他曾说，一直到充分就业的水平为止，劳力的供给是完全有弹性的。

① 见附录。

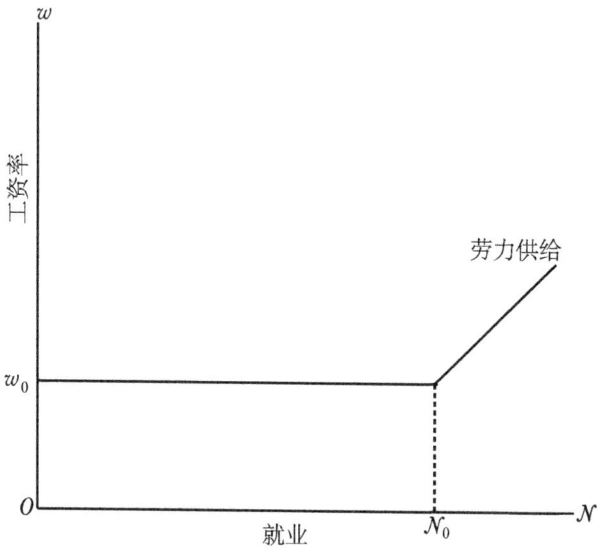

图　1

这里 w_0 是流行工资率而 N_0 则为充分就业。这一特殊的劳力供给曲线非常重要，并可以在凯恩斯体系内导致某种所希求的结论，循其他路线思索问题的经济学家是得不到这些结论的。从现实来看，凯恩斯的供给曲线或许更为正确，更能说明工人实际上如何行动。但从不同的概念角度来看，还有另一问题需要考虑。在使用古典供给曲线的完全的瓦尔拉斯式的均衡中，我们能否利用凯恩斯体系得到就业不足的均衡这种结果？我们想回答这一问题，并说明在这种条件下，为什么一个古典的模型必然会自动地有充分就业均衡。

现在有可能对"真实的"凯恩斯体系加上三个关系，并至少可以表明方程式的数目和变数一样多。

产量决定于劳力和资本的投入量。

实际工资率等于劳力的边际生产力。[①]

劳力的供给决定于货币工资率。

我们现在有五个方程式和五个变数，这些变数并不是独立的，它们是：实际收入，利率，就业，工资率和价格水平。体系是完全的。应该事先向读者指出，对于完成我们的经济分析，计算方程式及变数是必须的，但这是不够的。充分的条件将在以后加以考察。

一个简单的模型

上节所述五种关系为凯恩斯体系的完全的说明。在这一体系中有几个相互依存的命题，不容易通过纯粹非数学名词理解它们。不过，有可能进一步简化这一体系，使主要的贡献更为明显。

我们知道凯恩斯的程序是抛弃储蓄与投资的利息理论而代之以储蓄与投资的产量理论。在做到这一点之后，革命就是一个既成事实。一个仅以储蓄与投资关系为基础的简单模型很清楚地表明了这点：

假定储蓄完全无利息弹性，即利率的波动对储蓄率没有影响。从实验上看和从理论上看这是一个合理的假设。储蓄仅决定于收入。在收入增加时，储蓄也会增加，但储蓄的增加通常少于收入的增加——边际储蓄倾向为正数但小于一。又假定投资完全是独立

① 在不完全竞争的情况下，对这点应加以修正，以包括需求的弹性在内；不过，没有引入新变数，因此并不影响决定。

的，很难从其他经济数量的行为加以预测；反之，它乃决定于严格的经济范围之外的力量，例如革新。

这一体系的均衡条件是在独立的投资与依存于收入的储蓄之间有一方程式。这是一个有一个变数（即收入）的方程式；因此它足以决定收入水平。这样就建立起一个基本理论，代替古典的储蓄与投资的利息理论。以图表示，凯恩斯体系有如图2。

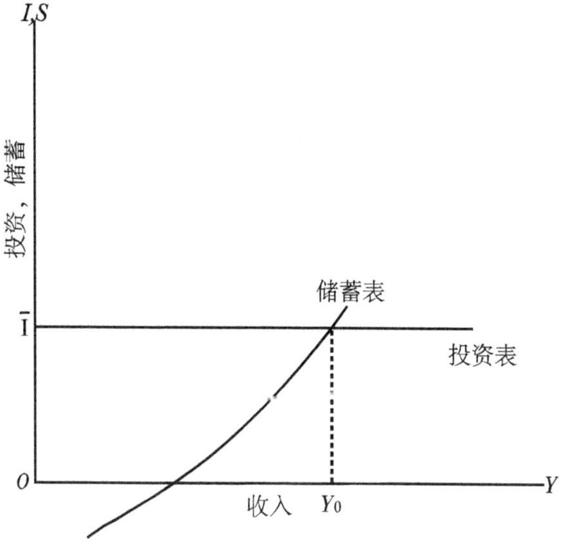

图 2

这一曲线是储蓄表。在收入水平低时，人们必须取出储蓄或使支出超过收入以维持最低限度的消费标准；因此对于低水平的收入而言，储蓄表是负的。它向上倾斜，表示储蓄随收入增加。如果体系要动态地稳定，斜度必须总是小于一。

在现存的独立的投资水平 $\bar{I}$ 上，投资表不过是一水平直线。

因为投资是独立的，不随收入而变化，在每一收入水平上它都是不变的。

我们的图解体系表明，$\bar{I}$ 是这样一种投资水平，它能抵消正好足够的储蓄以产生某一水平的国民收入 Y。这是关于有效需求理论的最清楚的说明。有一种商业循环的理论也可以在这一图上表示。这一理论以这样一个概念为基础：储蓄表为一稳定的关系，不随时间而变化，而投资水平则极端易变，继续不断出现很大数量的变动。在独立的投资的每一不同水平上，都会产生不同水平的国民收入。投资的波动加于稳定的储蓄表之上，即决定收入的波动——或商业循环。

简单模型之所以重要，理由有几点。虽然认为在通常的情况下所有的投资都是独立的，并不一定正确，但在某些情况中，投资独立的假定是完全正确的。一种情况是在社会主义经济之下，所有投资决定都由中央计划机构作出，不似在资本主义制度之下，投资决定于最大限度扩充利润之类的原则因而导致非独立的投资。简单模型可以适用的另一情况为全面战争经济。[①] 这一情况将在第六章关于通货膨胀间隙一点中详加讨论。

把凯恩斯的模型应用于社会主义经济的运行未免迹近讽刺，因凯恩斯对社会主义特别是苏联制度之厌恶直言不讳。事实上，凯恩斯虽是许多经济事件的准确预言者，但对俄国情况所作的预言非常拙劣。例如他曾预言，“……如果共产主义获得某些成功，这并不是

---

① 社会主义经济模型与战争经济模型有某些形式上的相似，但这一事实完全不意味着社会主义经济必然是战争经济。反之，本文论点仅仅讨论非战争的社会主义经济。

它作为一种进步的经济技术而是作为一种宗教而获得的”。[1] 这几句话说明他对苏维埃体系的政治、技术和经济的基础完全缺乏理解。作为资产阶级生活赞美人的凯恩斯不甚了解，俄国经济在社会主义之下为什么一直是而且将来还是一个持续的充分就业的经济这种论点正是直接从他自己的简单经济模型中推论出来的。

在俄国，投资完全是独立自主的。中央计划机构根据人民的需要和世界政治局势，决定进行某一水平的投资活动。在这一体系中，利率的作用微不足道，而储蓄表则会使储蓄仅仅成为收入的函数。在社会主义经济中，人们为了和我们同样的理由储蓄，不过对他们来说，某种储蓄动机不是那么强有力而已。社会主义经济国家的居民无须为老年、疾病、医疗等担忧。同时，更为平等的收入分配会造成低的储蓄倾向。在苏联，计划机构决定的投资水平是高的。投资被推至极右边，因此从储蓄投资方程式中产生了高水平的国民收入。在实际情况中，储蓄倾向很低而投资水平很高，因此对价格必会产生通货膨胀压力。[2] 由于这一压力，就需要采取周转税，某种价格控制以及配购制度以阻止通货膨胀。如果计划机构对储蓄表的准确形状和位置有很好的概念，它就能很容易地计算出在每一投资水平上必须采取什么程度的反通货膨胀（或通货紧缩）措施。在任何明智地管理的社会主义经济中，如有丰富的资源，人民又有享受这些资源成果的愿望，中央计划机构就可以把投资水平定在某一数量上，这一数量恰足以抵消来自充分就业国民收入的储蓄。社会

① 《劝说集》，第305页。

② 在创造高水平的收入方面，高水平的投资无疑比减少储蓄的习惯更属重要。

主义计划者的适当政策常常可以导致充分就业——这是凯恩斯在写《通论》前的几年中未能见及的优越的经济组织。

还可以简单一提古典经济学的理论。试将此一简单模型与凯恩斯的简单模型相比较，即可很容易地看出这两种体系的重要区别。

简单的古典模型说明，不管收入水平如何，储蓄总是在现行的利率下流入投资，而货币数量和流通数量则为既定常数。在这一体系中，储蓄与投资方程式决定利率，货币数量和流通速度则通过货币数量方程式决定收入价值（或与既定实际收入相应的价格水平）。后一方程式说明持有的货币数量与收入成比例。设货币数量与比例因素（流速的倒数）为已知，则显然就可以知道收入为几何。

在这一古典体系中是否有失业存在？设有失业存在，则降低工资常可以在古典模型的范围内增加就业。由于工资和价格通过边际生产力理论发生关系，可以把数量方程式看为决定价格或是工资的方程式。如流速固定，则较小的工资意味着用一数量的货币能购买更多的东西，从而恢复充分就业。通过银行体系人为地增加货币数量可以获得同样的结果。如现金余额的数量增加，则收入就会增加。收入中没有消费掉的部分就自动地转入储蓄中。在这一较高的收入、消费和投资的水平上，更多的工人会受雇。通过低利贷款政策或有伸缩性的工资政策，这一古典体系常能避免失业。

凯恩斯抛弃了这一体系的假定。他放弃了萨依的关于储蓄不管收入水平如何都会自动流入投资的定律。他也发展了一种理论，在他的理论中有伸缩性的工资并不是那么一个能常常保证充分就业的有力工具。简单古典体系与凯恩斯简单模型之不相容清楚地表明革命意味着什么。

相互依存的完全体系

从凯恩斯和古典经济体系的简单模型中可以看出两种研究方法的主要差别。但要回答更为详细的问题，只有凭借考虑完全的体系才有可能，完全的体系涉及劳力的供给和需求、生产函数和标准的凯恩斯概念如灵活偏好、边际资本效率和消费倾向等。

在考虑凯恩斯经济学和古典经济学的关系之前，必须说明我们在什么基础上对这两种体系进行比较。现在一般人都同意美国最迫切的经济问题为失业问题。[①] 美国的经济学家应当运用能够解释失业现象的理论模型。古典体系能够解释由于摩擦或市场不完全以及工人不愿受雇而引起的失业。对我们的要求来讲这显然是不够的，因为甚至在一个完全竞争，没有摩擦的体系中也不一定常常有充分就业。

凯恩斯认为必须作出一个失业的新定义以解释就业不足均衡现象的发生。他把不自愿的失业解释为能够通过降低实际工资率来加以消除的失业。这一定义不是完全能令人满意的。它不承认有以下这种可能性：在实际工资率的某种范围内，较高的工资率会引起劳力供给的降低。但是它蕴含着，如果工人能够根据实际工资而不是货币工资提供他们的劳务，那就不会有失业问题存在。看来凯恩斯还很难说他对经济理论的主要贡献是指出工人对货币的错觉是造成失业的原因。他的真正贡献乃在指出如果储蓄没有适当的投资出路相抵消，就必然不能创造高水平的就业。即使用

① 在被战争毁坏的欧洲国家，问题不一定如此。

实际工资表现的古典劳力供给曲线被用来替代凯恩斯的劳力供给曲线，仍然存在如何使储蓄转向投资的问题。

古典经济学家或许能够同意的一个简单定义是：如果所有愿意按现行实际工资率工作的人都得到雇用，则就业就是充分的。在这种情况下，有一个按实际工资计算的劳力供给表。在这一个表的范围内，古典体系关于就业的答案都是充分就业的答案。在古典经济学中，在充分均衡的条件下常会出现这种答案。还得看看类似的结果对凯恩斯体系是否也适用。

如果认为古典的劳力供给曲线不现实而代之以凯恩斯的供给曲线，则充分就业的情况就是，任何想在现行货币工资下工作的人都能找到工作。

关于充分就业的其他有用的定义可以用某种产量水平来说明。例如，充分就业可以看作是长期的可能产量水平。短期的可能水平也许可以方便地称之为瓶颈水平以别于充分就业水平。在本章中没有机会进一步运用这些观念。但在以后分析通货膨胀间隙中，它们是有用的。

现在首先把我们的定义应用于古典经济学的完全体系。除了货币数量说和储蓄与投资的利息理论外，在这一体系中还存在一个把生产原素的出产量与投入量联系起来的技术性的生产函数；从利润最大限度化理论得出的作为实际工资率函数的劳力需求表；[①]以及作为实际工资率函数的劳力供给表。

古典体系与凯恩斯体系之间的区分初看似乎很明显。有人说

---

① 通常称为工资的边际生产力理论。

主要的区别是货币数量说改变为灵活偏好理论；也有人说凯恩斯体系的明显特点是用按货币工资计算的劳力供给表替代古典学派按实际工资计算的劳力供给表；还有人更确切地指出凯恩斯的主要贡献是改变储蓄与投资方程式。

很明显，这一体系的充分均衡答案是一个没有失业的答案。用图来说明很简单。从劳力的供给和需求方程式可得出就业水平和实际工资，如图 3。

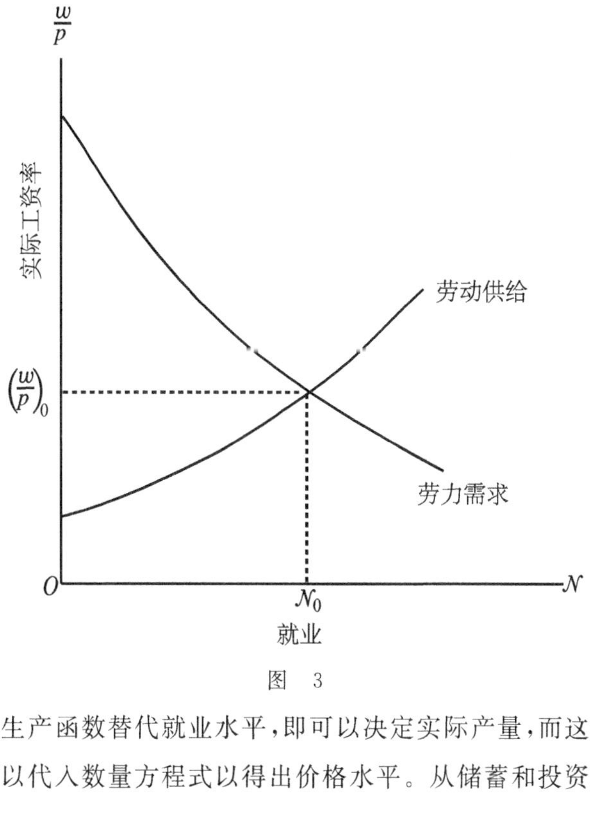

图　3

以生产函数替代就业水平，即可以决定实际产量，而这一产量水平可以代入数量方程式以得出价格水平。从储蓄和投资关系中又可决定利率。

这样决定的产量价值和就业价值代表充分就业水平，因为这一就业价值在劳力的供给曲线上。所有愿意按现行工资率工作的人都受雇。如果在这一体系内出现失调以致不能达到充分就业，则工资的降低常可使经济恢复到充分就业均衡。工人间的竞争性的讨价还价常常是有利的，因为在数量方程式中货币数量与流速都属既定，总支出也是既定的。在工资较低时，不变的总支出肯定可以雇用更多的工人。工资的降低一直会继续到充分就业水平恢复为止。

在假定现实世界存在着各种摩擦、不完全和刚性之后，无论用古典体系或凯恩斯体系解释失业都不困难。但是如果假定这些缺点都不存在，失业能否存在？今天许多经济学家都会回答说：否。凡是认为刚性的假定是凯恩斯体系重要而突出的特点的人，对这问题的回答也会是“否”。不幸，凯恩斯实际上承认他也会回答“否”。[①]像在《货币论》中一样，凯恩斯并不真正理解他自己所写的，误将某些观点称为他的革新。凯恩斯的劳力供给曲线和不自愿失业的定义之于《通论》并不比“基本方程式”之于《货币论》更为重要。

假定我们生活在欧几里得世界(Euclidean world)中，在那里有着一个完全竞争的资本主义体系。那么现在可以说在凯恩斯经济学的条件中，这一乌托邦并不能自动地解决失业问题。然而，根据古典的条件，这一世界常能保证充分就业。这样我们就可能看到凯恩斯经济学与古典经济学之间的基本区别。

① 见《就业的一般理论》，《经济季刊》，第51卷，1937年，第209页，在该文中凯恩斯称里昂惕夫(Leontief)曾正确地指出凯恩斯体系与古典体系的主要区别是价格零次(order zero)性质不同。

我们不妨想象有这样一种模型经济体系，在那里有着完全竞争，不变性或刚性都不存在。[①] 所有数量都根据工资单位计算。[②]

在这里，作为背景的关系是古典经济学中那些纯粹的简单的关系；即关于实际产量的生产函数，以及根据实际工资计算的劳力供求关系。其他关系属于一般的形式。储蓄（决定于利率和收入）将等于投资（决定于利率和投资）。最后，作为利率及收入的函数，现金余额数量（按工资单位衡量）的供给将会等于对这种余额的需求。

或许可以说，这是一个完全的古典体系，它代表完全竞争的完全均衡。任何古典经济学家都会很自然地按照如下步骤求得这一体系的解答。首先，像以前一样，从背景关系中求得实际工资，就业水平以及生产数量。其次，将充分就业产量转变为按工资单位计算的收入。以实际工资除实际产量即可得到这一结果。将充分就业收入代入储蓄与投资关系即可求得利率。这样，除了工资和价格的绝对水平外，其他均可求得。但是货币的供给和需求会给这些变数提供答案。由于利率和收入已经计算过，现金余额的供给（按工资单位计算）必须与其相等的价值就可以获知。作为独立地确定的变数的**货币**现金余额数量也已知道，因此，工资的绝对水平就可以计算。既知道实际工资和绝对工资，就能立即求得价格的绝对水平。

现在再让我们从凯恩斯派的角度来观察一下。和以前一样，先解出实际工资、就业和产量的背景方程式。把充分就业收入代入储蓄与投资方程式。我们是否总可得到利率的答案？有多少变

① 见附录关于这一体系的数学说明。

② 除价格、利率和就业这些明显的例外。

数就有多少方程式，但这是否能保证求得一个在经济上可能的答案？回答是肯定不能够。必须做的事情不仅是计算方程式和变数，我们还必须考虑函数的形状。凯恩斯的解答抛弃了古典利息理论。它否认在下列方程式

$$S_w(r,(Y_w)_0)=I_w(r,(Y_w)_0)$$

中，当$(Y_w)_0$（收入）在充分就业水平下为既定时，利率 r 常需要有一个正数答案。[1] 在分析储蓄过程时，有关利率的储蓄函数的斜度可能为负，可能为正，其绝对值可能较小。最近我们开始相信投资函数也是对利息无弹性。可能没有正数的 r 值能够满足这一方程式。完全竞争的完全均衡一般和凯恩斯经济学体系不能相容。

对这一情况可能作的图有如图 4。

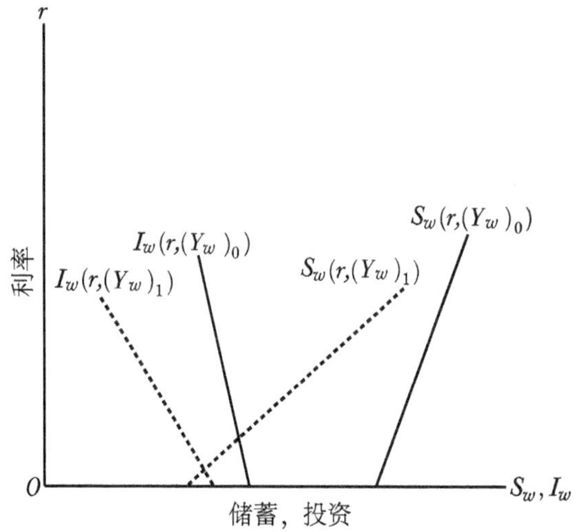

图 4

---

① 写在右侧的小字 w 代表按工资单位计算的量。

当收入在充分就业水平$(Y_w)_0$时，作为利率函数的储蓄投资表很可能表现为两条实线。这两个表的相对位置在这一情况中意味着不管利率降到多低，来自充分就业收入的储蓄将超过来自同一收入的投资。当这两个表对利息更无弹性时，这一结果显然更属可能。如果在现行利率下有无限的投资机会，则投资表将是一水平直线——具有无限弹性——因而常与非水平的储蓄表相交叉。许多正统经济学家都用后一种模型，虽然不管体系如何完全，它不能说明可能存在于现今世界的储蓄投资过程。水平投资表与非水平储蓄表的情况最终便等于萨依定律。

但是在凯恩斯体系内经过一种调整，因而可以决定一个正数的利率。如果收入从$(Y_w)_0$降到$(Y_w)_1$，则图4中两个表会移动至虚线的位置。收入必须调整到$(Y_w)_1$的水平。在这一水平上来自收入的储蓄将会等于来自收入的投资。只有在介绍了产量调整的理论后，方能决定一般情况下的利率。

因此，凯恩斯和古典派的主要区别乃在他们的储蓄和投资理论方面。乘数理论，或决定有效需求的理论是凯恩斯的储蓄投资理论。决定利率的理论是古典的储蓄投资理论。货币方程式仅能用作决定工资和价格水平，在说明新的与旧的经济学的区别上并不起重要的作用。

现在不可避免地会产生的重要问题是，从这一真实的，凯恩斯的体系中我们如何能得到任何答案？回答必然是，在这一体系中有一种完全竞争的均衡，但它不可能是完全均衡——像古典情况中那种全部关系都同时有效的均衡。为使经济变数能具有某种确定的价值，某种东西必须让路。从图 4 可以看到，如利率让路，显然于事无补。为使储蓄与投资达到均衡，收入必须让路。但如果收入从$(Y_w)_0$降至$(Y_w)_1$，则产量和就业将被迫降至较低水平。[①]但在低于充分就业均衡的就业数量上，工人不会仍然停留在他们的劳力供给曲线上。受雇的工人沿劳力需求曲线移动常可得到较高的实际工资。最后的地位有如图 5 所示，在现行的实际工资率下，劳力的供给超过劳力的需求。供给超过需求数$(N_2—N_1)$为失业的数量。

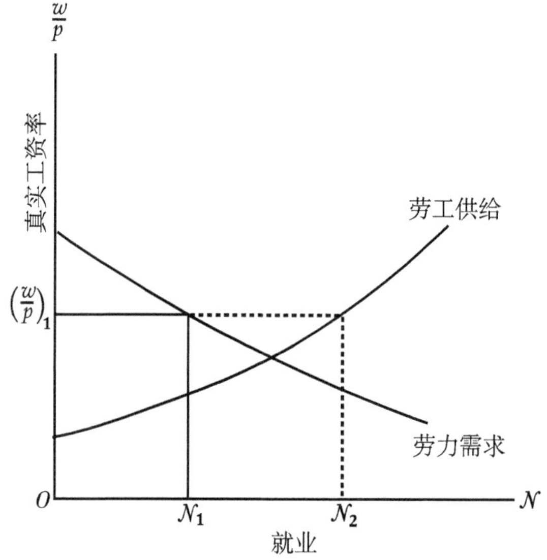

图 5

① 较完全的证明见附录。

雇主在磋商工资方面比之工人具有较占优势的力量，这一点很容易地说明了为什么劳力的供求关系在体系中是一个其答案不在交叉点上的关系。

非凯恩斯经济学家会说，如果工人为找工作而竞争，并降低货币工资率，则充分就业可以恢复。这一命题只有在古典经济学的情况下才正确。在凯恩斯体系中降低工资不一定会有好处。

现实世界的经济分析表明，为使灵活偏好函数具有弹性，利率已被压低至很低的水平。但更为重要的是，所有统计资料使得我们相信，较低的利率对投资率如有任何影响的话，那影响也是很小的。关于无利息弹性的资本边际效率表的经济学是近代经济分析的一个重要分支。很容易表明，如果灵活偏好表有弹性和/或边际效率表无弹性，则工资的降低不会提高产量水平，因而也不会通过生产函数提高就业。[①] 根据希克斯的分析，这一论点可以方便地用图表示。垂直轴衡量利率，水平轴衡量收入。这样，对于现金余额的既定价值而言，灵活偏好方程式乃说明利率与收入之间的二维度的关系（two-dimensional relation）。同样，在同一平面上储蓄投资方程式也有一曲线。这两根曲线的交叉点决定收入的均衡水平。

① 数学论证见附录。

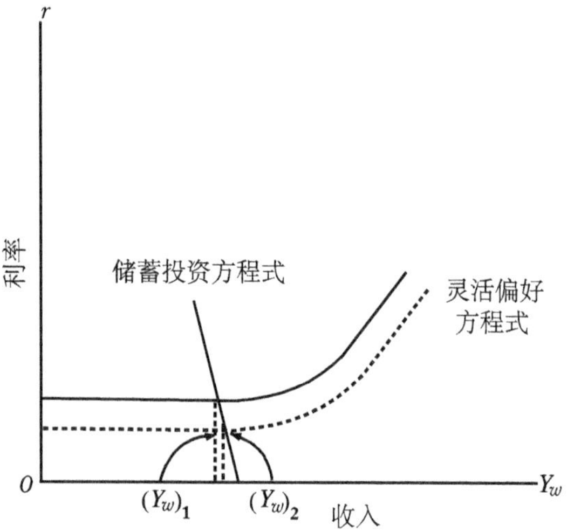

图 6

这些曲线画在图 6 上，并假定灵活偏好有利息弹性，资本和储蓄边际效率表无利息弹性。

如果这两根曲线交叉，致凯恩斯体系得到一个失业的收入水平的答案，则工资的伸缩性是否会很快地使经济生活恢复到充分就业？如果银行政策不致降低现金余额的货币数量，则降低工资最直接的后果为增加实际余额的数量。这一点之所以正确，显因实际现金余额为货币余额与工资率之比。工资降低可看作是一种低利货币政策，会引起体系中某一种表的变动。灵活偏好方程式在上图中会向虚线移动。均衡收入从$(Y_w)_1$改变至$(Y_w)_2$，实际上全无改变。降低工资以创造就业的效果是受到严重的限制的。如储蓄与投资表对利率的弹性为零，而灵活偏好表有无限的弹性，在这种有限的情况中，不会出现创造就业的后果，在低利率范围内，储蓄与投资方程式变为一垂直线，灵活方程式变为一水平线。但是论争的首倡者们不会在这一阶段放弃他们的论点。他们会说，不管有限的情况如何，我们应当考虑一下就业的增加是很小的正数的那种情况。因为随着工资的下降，实际现金余额增加的限度没有限制，所以 Y_w 的增加也没有限制。但是这种论点已使他们自己落入陷阱之中。工资减低没有限制，致现金余额增加也没有限制，其后果如何？其后果将为极端的通货紧缩和社会革命。如因工资无限减低，现金余额的增加变大，就业的刺激微小，那么不利的预期就肯定会出现。由于预期工资会进一步减低，生产计划必会推迟。工资可以无止境地降至零，但就业不仅不会增加反而会减少。无疑，这一过程必须在达到零点以前中止。而中止这一过程的方法就是推翻资本主义体系。

庇古教授已经指出，将工资一次下降足，使不致有工资还会进一步下降的预期，则往往可以增加就业。如果凯恩斯函数的性质是灵活偏好有利息弹性和/或边际效率无利息弹性，则减低工资的影响很小。但要不发生不利的预期，工资减低的限度也必须很小（否则就会有不利的预期）。两个很小的原素的产品也会很小。在这一问题上不可能仅从预期一点得出结论。

工资的减低或许可能引起储蓄或投资函数的变动。在这种情况下，表的变动会引起收入水平很大的改变。但这种可能性的缺点是变动的范围有限。如果工资的减低对于投资（相对于储蓄而言）有很大的刺激效果，那么我们就可以大大地扩充就业。但工资减低对储蓄或投资表是否会有任何效果非常令人怀疑。这种怀疑将在下章更详细地讨论。

因此，可以说在一个完全的体系中失业是可能的，完全竞争的完全均衡是和凯恩斯的条件不相容的；而在古典世界中充分就业的获得是自动的。为表明在凯恩斯条件下的完全世界中充分就业不是自动的，不能对体系中的刚性作任何假定，只能对某些基本关系的利息弹性作出假定。

最近有许多论文称，凯恩斯依赖工资的没有伸缩性得到他的结论，这是完全没有根据的。

但在解释就业不足如何会是一种均衡时，关于刚性的假定非常有用。凯恩斯的重要贡献是表明充分就业不会自动得到保证。人们只须看看现实世界就能理解为什么失业是一种持久的均衡情况。在古典经济学中，工资的伸缩性常常导致充分就业。在凯恩斯经济学范畴内工资的伸缩性不能补救失业，根据它的逻辑结论，这仅能导致超通货紧缩而已。但在现实世界中，人们既没有看到超通货紧缩，也没有看到充分就业。解释是工资是难改变的，它们不是有伸缩性的。当工资的减低没有出现时，凯恩斯体系的就业价值不在供给表上的答案仍然有效。因为工人并不相互竞争出价，我们并不曾经历绝望的向下的螺旋线。

在把不完全和刚性的货币工资二者引入凯恩斯体系的模型内之后，就很容易得到就业不足均衡的结论，对经济体系提供了更为现实的图画。但有许多人说，凯恩斯的方程式和一个完全的没有摩擦的体系相结合常会产生一个充分就业的答案，这是不正确的。甚至在完全竞争的情况下，失业也是极端可能的。这清楚地表明，对凯恩斯经济学新结论的讨论不能以经济中的价格方面为中心，而应以经济中的或然性，心理及预期等方面为中心。我们应当研究凯恩斯函数形状的决定要素。这些是主要的经济变数。它们告诉我们充分就业的答案是否可能。关于工资的不易改变性的观察是人们久已习知的，这种观察又补充了凯恩斯经济学的结论，并使学者与现实相接触。

第四章　几个争论的问题

有人觉得，文献中对凯恩斯经济学的争论已经多到令人生厌，对于他们，这一章也会很乏味。不过，经济学家对于他们的理论基础应当有清楚的理解。的确，有少数人对经济问题具有很大的直觉洞察力，无须依赖严密的理论分析，但一个经济学家如因理论混乱，在经济政策领域内莫知所措，则事之可悲莫过于此。本章企图澄清某些理论经济学上的混乱问题，那些把经济学作为严肃事情看待的人，应当对这一章感到兴趣。

对评论的评论

凯恩斯和后来不久的评论者都不理解《通论》理论模型的全部含义。后来的一些争论文章大部分都不过是废纸，但也决不能说所有的争论都没有价值。在人们放过许多枪之后来巡视一下战场，会感到一般人对这一理论理解得如此之少似乎是不可能之事，但这一点反可着重表明这一著作的革命性。

《通论》的两篇著名书评为其门人勒讷（A. P. Lerner）[①]和雷德

---

① 《凯恩斯先生的〈就业、利息和货币通论〉》，《国际劳工评论》，第34卷，1936年，第435页。

韦(W. B. Reddaway)[①]所作。勒讷的书评一般被视为是一篇得到同意的凯恩斯著作的缩写。它是《通论》的一篇很清楚的说明,但提出了某些论点,企图支持一种在以后引起了很多争论的理论。例如,关于储蓄与投资方程式就出现了两个凯恩斯。一个凯恩斯根据可观察的经济数量的定义坚持储蓄与投资之间的均等。另一个凯恩斯则根据决定均衡地位的经济行为交叉表说明储蓄与投资的关系。勒讷在他的书评中选取了前一说明,而且显然一直采用它。他把储蓄与投资视为恒等,并不因任何经济过程而趋向均衡。这一点是一个争论的开端,本章以后还要详细讨论。

勒讷支持凯恩斯的另一争论问题为工资减低问题。勒讷企图表明,如工资减低是统一的,价格将以和工资下降恰好相同的比例下降,因而实际工资不会有何改变。他遵奉凯恩斯的以下命题:因为实际工资没有下降,就业不会增加。工资与价格以同等比例下降的理论从未被将工资减低作为反萧条政策的古典经济学家所接受。关于这一工资降低问题,也有另一个凯恩斯。另一个凯恩斯考虑工资降低对整个决定体系的结构所引起的效应,即考虑体系中各种表会引起何种变动。从研究工资政策对投资、储蓄和灵活偏好的可能效应着手,将会得到更多的收获。

勒讷文章的其余部分完全是《通论》的复述,无甚可以争论。

雷德韦的评论是关于该书的最好的书评之一。作者清楚地理解到新经济学的基本贡献,并且是将这一粗具轮廓的体系构成数

① 《就业、利息和货币通论》,《经济记录》(*Economic Record*),第 12 卷,1936 年,第 28 页。

学模型的第一人。雷德韦认为，凯恩斯基本上是攻击李嘉图的基本假设之一——萨依定律，或供给会创造它自己的需求这一命题。萨依定律和明确的凯恩斯理论之间的矛盾很大。想从以萨依定律为基础的理论中引申出凯恩斯的结论是毫无希望的。此外，雷德韦认识到《货币论》的错误，这本著作只研究各种价格水平的稳定或缺乏稳定而没有研究产量水平的决定。

他写下的凯恩斯体系模型如下：

取决于国民收入水平的储蓄＝取决于利率的投资。

独立决定的现金余额供给＝取决于国民收入函数及利率函数的现金余额需求。

他的大略的论点基本上和上章的更为一般的模型是一样的，特别在考虑这些函数的可能形状时是如此。雷德韦完全追随凯恩斯，全然抹杀利率对储蓄的影响。当前的潮流是把利率包括在这一函数中作为一个次要的变数。雷德韦也不把收入作为投资水平的一个决定因素。然而，今天人们认识到某些投资也许被动地和收入相关。把灵活函数看作是两个各别函数之和是很对的，这仅是一个较为一般的关系（现金余额的需求决定于国民收入水平和利率）中的一个特殊情况。把这一函数分为两部分是企图更有力地显示出货币函数的两分（dichotomy）；即作为交易中介的货币和作为价值贮藏的货币。雷德韦的（也是凯恩斯的）说明企图保留货币数量理论的最后痕迹。

勒讷和雷德韦的评论不一定有代表性。在凯恩斯对古典经济学家进行尖刻攻击时未曾放过对个人的批评，即此一端不难想象会引起敌意的评论。《通论》中曾举庇古教授为凯恩斯所攻击的理论的代表者，因为庇古教授曾最明白而优雅地述说古典模型。庇古对《通论》也作了尖刻的批评作为回敬。[①] 不难看出，凯恩斯是得胜的经济学家，但却是失败的绅士；他不大遵守学术比赛的规则。庇古的评论明白地显示出古典的信念和凯恩斯信念之间的裂口。但比较庇古以后对此问题的论述，即可看出他已部分地转向新概念了。[②]

庇古说对古典学派的主要诘难是古典学派假定均衡地位建立在劳力实际需求表与实际供给表的交叉点附近。他重复申述古典学派的观点，即在古典体系中失业不是一个均衡地位，因为货币工资的减低常会导致实际工资的降低因而使就业增加。对于凯恩斯的论点，庇古反对的是以下这一说法：货币工资的降低会引起价格的下降，下降数量正好使实际工资维持不变。庇古在反驳凯恩斯这一观点时或许正确，但他没有充分考虑货币工资降低对体系中其他变数如利率、投资和储蓄的影响。值得注意的很有兴趣的一点是，在谈到具体政策时，庇古和凯恩斯并不完全对立，因为庇古也承认减低工资有许多实际困难。但是，总的说来，庇古坚信，只要有适当的银行政策，在实际上可以依赖降低工资提高就业水平。

关于上章所着重说明的那些理论上的发展，庇古对之仍旧相当保守，不愿放弃他的较陈旧的观点。他认为储蓄的决定本身是不完全的，亦即需要有相应的投资行动以完成储蓄过程。他的意

① 《凯恩斯先生的〈就业、利息和货币通论〉》，《经济季刊》，新第 3 卷，1936 年，第 115 页。

② 特别参阅《就业与均衡》(*Employment and Equilibrium*)，伦敦麦克米伦公司出版，1941 年；又《古典的静态》，《经济季刊》，第 53 卷，1943 年，第 343 页。

见是,储蓄的动机是投资机会或将来消费的可能性。庇古坚信,一个仅作稳定变动的顺利进行的储蓄过程常会恰好被同样顺利进行的投资过程所抵消。只有在储蓄过程突然有所增加时,投资机会才会落后。甚至这一落后也被认为是暂时的,其量值的次序也与凯恩斯所设想的完全不同。因而庇古不能理解,储蓄投资方程式为何是一个重要的经济问题。他像当时其他经济学家一样,不能设想投资出路的缺乏。他有一个论点和第二章所述的霍特里的一个论点很相似,[①]他批评乘数理论的使用,理由是政府对公共工程的支出会使利率上升,因而减少私人为投资目的所作的借贷。对于非凯恩斯学派而言,私人投资与公共投资常为相互补偿的替换物;任何政府投资多少都会牺牲私人投资。

凯恩斯的"世界末日"(day of judgment)在庇古看来并不是一件令人担心的事。如果人们企图把储蓄维持于高水平而又没有投资相抵消(由于以前特别高的资本积累率),据庇古预言,在这种情况下货币工资会因竞争被迫下降以维持充分就业。

最后,庇古就一些次要的专门性问题批评凯恩斯,其中有一些考虑周到,有一些则表现混乱。例如,庇古不能理解凯恩斯如何会把资本数量看作在短期内是既定的而又谈到非零点的投资率。他认为如视资本为既定,则不可能有除零以外的其他改变率,这其实是一个错误的论点。熟悉微分的最简单概念的人都知道每一点时间的变数可以是既定而在长时间内则又有正或负的改变率。庇古也反对把灵活偏好函数一分为二,一决定于收入而另一则决定于

① 见前第51页。

利率。他的论点是，凯恩斯所保留的持有现金的交易动机（马歇尔的“k”）已取决于利率并包括了灵活偏好的观念。不过，古典经济学家在讨论数量理论时，是否把交易动机看作是利率的一个函数还是一个问题。同时认为灵活偏好理论除说明交易的货币流速取决于利率以外别无其他作用也是错误的。我们在较早的阶段已经看到，《货币论》的论点在某种程度上是以速度为利率之一函数这一命题为基础的。

但是，那两个“基本方程式”虽把古典学派的速度观念和利率相联系起来，和灵活偏好理论却没有关系。和灵活偏好理论相关的仅是空头理论以及持有现金余额（包括闲置现金余额）的各种动机的分析。即使把速度（马歇尔的“k”）作为利率的一个函数，把货币仅看作是交易中介的古典论点也不会和近代的凯恩斯理论相同。无论如何，这整个问题对凯恩斯体系并无影响，因为有可能在完全一般的概念上即使货币需求取决于利率与收入而又获得所有重要的经济结果。但是庇古有一次要的批评，似乎是命中目标的一击。他不喜欢凯恩斯的关于“本身”利率（“own” rates）和货币利率这样的用辞，以及关于货币利率具有特别重要性的解释。[①] 庇古正确地作结论说，选择何种价值标准并无分别。硬币（Numéraire）问题在经济理论中决非重要的问题。本身利率的分析不过是《通论》中分散人们对真正问题注意力的一种分析，应当加以抛弃。

① 本身利率为根据货币以外的一项特殊商品的期货数量与现货数量的比率计算的利息额。

因凯恩斯之攻击在感情上受到损害的古典传统信奉者非止庇古一人。《通论》比近代经济学的任何其他著作引起了更多的评论者。奈特(Knight)与卡塞尔教授也参加了向这一革命的古典传统的反对者掷石块的行列。

首先,奈特否认凯恩斯实际上批驳了任何用现代的说法可以称之为古典学说的东西。[①] 他认为《通论》不过是向稻草人进行攻击而已。不过,认为李嘉图、马歇尔、庇古、魏克赛尔、霍特里、哈耶克、米塞斯、罗宾斯等都是稻草人亦属可怪。凯恩斯所背叛的是这些未能解释有效需求现象的理论。奈特认为凯恩斯的著作并没有革新之处。例如,奈特在考虑储蓄肯定取决于收入这一命题时,他的结论是这一论点并不新鲜,因为储蓄是一个制度的问题,取决于社会心理,这是古典著作中为人熟知的一点。但是他却未曾提到,古典经济学家在认真地考虑储蓄投资过程时,他们总是利用利率的决定理论。乞灵于古典学家的次要论点并不能抹杀古典学派与凯恩斯关于储蓄投资过程概念的差别。

奈特提出的另一点与罗伯逊所提的一点意见相似,即利率可同时使几组愿望相等;它可以使持有现金与持有非货币财富的愿望相等,它也可以使货款与不消费的愿望相等。罗伯逊批评凯恩斯没有留下可供选择之途,但奈特未能区分完全的相互依赖的体系与积木理论之间的不同。在运用任何建造物赖以建成的积木理论时,我们应当提选出每一关系中最重要的变数而使其他变数保

① 《失业:和凯恩斯先生在经济理论上的革命》,《加拿大经济学和政治科学期刊》(*Canadian Journal of Economics and Political Science*),第3卷,1937年,第100页。

持不变。凯恩斯把收入作为储蓄投资方程式中的重要变数，而把利息作为灵活偏好方程式中的重要变数。在最一般的凯恩斯体系的最终结果中，难以分清何者为因，何者为果。这一体系的利息理论是以灵活偏好这一积木为基础的全套方程式的答案。

另外还有一个方法论的争点须和奈特一起来解决。他暗示在凯恩斯的分析中，由于首先假定失业，后又假定回复到充分就业存在障碍，有不对称的东西。奈特认为，在历史上充分就业是最通常的情况；因此他说我们不应当假定失业，而应假定充分就业，然后解释这种幸福局面如何会告终结。乘数理论是否会在反面运行？如因资本积累水平高，投资机会逐渐消失，而储蓄习惯则仍然保持原状，在此情况下乘数方程式仍会运行，但被乘数[1]为负数。收入会降低，就业会减少。用凯恩斯的分析解释周期的上升转折点与解释萧条的低凹点一样方便。第二章曾指出投资过度理论家与凯恩斯之间的主要差别之一为对繁荣为何会告终的理由的分析。

奈特说，凯恩斯的所有结论都是从失业和刚性的假定得来。本书不否认刚性的存在以及刚性使得凯恩斯的分析更为简单，但是刚性对凯恩斯理论并不重要。特别在第三章中曾经表明，凯恩斯的结论在一个无摩擦的体系中仍然是有力的。与其讨论关于刚性的假定，不如讨论凯恩斯体系中重要的表的形状的现实假定要有益得多。

卡塞尔是立即挺身而出保卫传统学说的另一人。[2] 他的评论

---

① 被乘数为投资的改变，与之相关的为收入的乘数改变。被乘数不似乘数，可以为正，亦可以为负。

② 《凯恩斯先生的〈通论〉》，《国际劳工评论》，第36卷，1937年，第437页。

明白地显示出凯恩斯的概念不是古典经济学的概念。卡塞尔在评论开始时，即表示支持线状趋势外推法(linear trend extrapolation)，这种外推法常有人使用但又常不为经济学家所重视。过去的趋势清楚地向卡塞尔表明，财富每二十五年增长一倍，他坚信这一趋势会在将来继续。因此他论称，凯恩斯的著作基本上是对储蓄的攻击，这在事实上和理论上都是错误的，因为储蓄者有一个很大的任务，即供给资金以应付未来二十五年中财富的加倍增长。卡塞尔根本不能想象投资机会会枯竭，他甚至想象潜在的投资出路在排队等待满足。他认为新储蓄的每一数量都会引起新的投资，但他认为储蓄和投资方程式仅由利率所维持。他断然说，凯恩斯把有效需求的理论代替利息理论是错误的。他也完全排斥边际资本效率的概念。在他看来，会与投资发生任何关系的除利率而外没有其他。

很自然，卡塞尔不能容忍灵活偏好的利息理论。他的意见是，利息在储蓄和投资方程式中决定，而价格水平则在数量方程式中决定。他认为有一个一般均衡体系存在，所有相对价格都在体系中决定，另外还可以采用一种货币理论，以决定价格的绝对水平。在对货币的供给进行管理以使购买力得到稳定时，体系即处于均衡之中。根据这一背景，他认为凯恩斯企图恢复重商主义者货币利息理论概念的企图完全失败。

卡塞尔最后的结论是，充分就业下的一般均衡方程式的答案总是存在的，没有所谓一般失业理论这种东西。以下这些话都引自卡塞尔："储蓄或消费倾向这类概念根本不能解释失业"。"假定存在某种储蓄倾向，以致有失业存在"。"假若所有失业者都死去，就会有充分就业和相同的储蓄倾向;所以凯恩斯是错误的"云云。

读者不要在这一阶段得到这样一个印象,即以为所有的评论除了门弟子所写的以外都只是破坏性的批评。希克斯即是一例外。他是非凯恩斯派,虽然他未能辨清凯恩斯的重要发展,但对《通论》给了较好的评论。[①] 他说,偶然的读者也许会把储蓄与投资的均等作为该书的一个革新,其实这种均等仅仅依存于定义。对于希克斯说的这一点,我们不大同意,那些不是偶然的读者而是读过凯恩斯所有较重要著作的人必会认为"S=I"是一个革新,而且这不是一个定义问题。当人们读到S=I这一方程式时,他是从表的意义而不是从可观察的流量来谈储蓄与投资。不过我们同意希克斯所说,凯恩斯提出的预期理论是一个真正的贡献,虽然不一定如希克斯所说这是一个主要的革新。[②]

在希克斯的《价值与资本》(*Value and Capital*)一书中,他强调凯恩斯的利息理论和可贷放资金利息理论(loanable-funds interest theory)正是一回事。这一论点在他的较早的书评中已经谈到过,是不能完全令人满意的。在书评中他曾说灵活偏好理论并没有什么革命性的东西。关于这一点现在最好不作进一步讨论,留待本章关于利息争论一节中再行讨论。

在评价凯恩斯的分析与现实世界的关系时,希克斯并不完全是一个准确的观察家。他接受凯恩斯的关于资本边际效率的波动

① 《凯恩斯先生的就业理论》,《经济季刊》,第46卷,1936年,第238页。

② 并参阅《凯恩斯先生和'古典派';试提出一种解释》,《经济统计学杂志》,第5卷,1937年,第147页。在该文中希克斯指出灵活偏好利息理论是凯恩斯与古典经济学不同的特点。

为重要的周期要素这一概念，但怀疑以下这一蕴含的，较长期的预言：从长期来说，资本边际效率会下降。他认为凯恩斯最主要的论点为人口的下降，因为在十九世纪维持边际效率的各个因素（如人口增长、发明、新大陆、信心、战争）中，希克斯认为人口一项最可能不会再起支持的作用。我们今天在萧条主义者的论点中发现，在压低边际资本效率水平方面，人口增长速度下降虽然重要，其他许多因素更为重要。即使人口以日益增加的速率增长，失业仍会是一个问题。

还有一些决非凯恩斯派的作者，在评论《通论》时肯定没有敌意，其中一例为魏讷（Viner）教授。[①] 他的结论是，在劳力供给和工资率这类问题上，凯恩斯与古典经济学家的区别是，凯恩斯否认货币工资的减低会减少失业。这一结论是对的，虽然对这一区别的正确理解决定于一个人对减低工资的方法和最后效应采取何种看法。围绕上一章模型所进行的讨论，其目的为说明为何工资减低不能保证充分就业。关于劳力供给曲线的不同假定对于讨论并不重要。魏讷是探究凯恩斯是否愿意追随古典学派关于实际工资减少与失业之间的关系的最初的评论者之一。他指出，凯恩斯之所以持不同的观点是由于不适当地应用报酬渐减原则的结果。不过，凯恩斯可以用以下论点回驳，即在达到充分就业以前的某处，报酬必会开始渐减，而使实际工资减低和就业增加之间存在正数的关系。魏讷也在此时指出凯恩斯的失业定义中的漏洞，他说这一定义蕴含着单面的渐增劳力供给曲线，这在实际上和理论上都

① 《凯恩斯先生论失业原因》，《经济季刊》，第51卷，1936年，第147页。

令人怀疑。

大体上魏讷认为他接受凯恩斯体系的大纲，但怀疑凯恩斯对体系的运行及其数量结构的说明。魏讷特别不同意灵活偏好理论，他认为交易动机对利率具有和投机动机同样的影响。[①] 他对M，V，P和T的相对运行研究有素，因而不愿抛弃数量方程式和把贮钱概念与速度理论分离开来。但为表明他和凯恩斯的分析有多大的分歧，他说具有很大的贮钱倾向的储蓄人不是引起困难的根源，因为他们"……有投资习惯，憎恶闲置现金就像自然憎恶真空一样"。他又说，"弄清楚这些是事实还是幻想至少是有兴趣的事。"但近年来事情的发展使人深深觉得他所说的不过是"幻想"而已。

魏讷相信，凯恩斯实际不曾反驳古典经济学家，只不过指出工资减低也许会导致不利的预期和窒息投资。实际上凯恩斯使经济学家能够证明的不止于此；他还指出，古典机构已不像过去所想的那样是一个自动的杠杆。至少，庇古承认要实行工资的降低会有实际困难，同时不利的预期也许会发生。但他从高一层的抽象概念水平上论称，如果没有这些障碍，货币工资的减低在理论上常会导致充分就业。凡是真正理解凯恩斯经济学的运行的人必定会抗拒古典学派的观点。

为结束这一评论的评论，考虑一下凯恩斯派的一个皈依者和一个当代对手的态度似乎是适当的。对于前者没有比选择汉森教授更为恰当，他无疑是美国最有名的凯恩斯的信徒。虽然如前所

① 这一点和庇古的论点相同，即认为古典经济学家已论证交易流速决定于利率，因而已发展了现金需求与利率之间的关系。

述，汉森在1936年以前所持的许多观点与《通论》的新结论不相一致，甚至在他评论此书时，他还不是一个坚定的凯恩斯派。汉森在评论中[①]企图把新理论与凯恩斯的发展联系起来。汉森称，《货币论》的理论结构，由于他和他人的批评，已经发生动摇。汉森确曾指出凯恩斯的一个"基本方程式"中的错误，但《货币论》决不是立足于这样一个脆弱的基础上。这些被自命为不平凡的"基本方程式"并不是《货币论》的重要部分，认识到这一错误充其量不过是对琐细的方程式作出了有效的批评而已。《货币论》的理论站得住还是站不住要从本书附录所写的大略的模型来看。实际上推翻《货币论》的理论的是代替储蓄和投资利息理论的总产量理论，对此负责者乃是卡恩先生。

但是汉森立即认识到《通论》的重要贡献，他特别看到它与古典体系的分歧。他指出凯恩斯对古典学派的批评不在价格或分配理论方面，而在产量在充分就业时有一独特的均衡点这一概念方面。他认识到古典经济学家没有总产量与总就业理论。他完全同意凯恩斯的观点，即作为原因的力量是在价格体系之外的人民的心理、预期、习惯和制度等方面。

汉森又称，设凯恩斯采用罗伯逊的关于储蓄和投资的定义[②]或许更要好些，因为它们对作为原因的过程说明得更清楚。对此

① 《凯恩斯先生论就业不足均衡》，《政治经济期刊》(*Journal of Political Economy*)，1936年，第44卷，第667页。

② 罗伯逊的定义是以武断规定的时期为根据的。任何既定时期的储蓄等于前一时期的收入减去目前时期的消费。任何既定时期的投资等于当前时期的收入减去当前时期的消费。

我们完全不能同意。选择何种定义决定于所想要分析的体系的型态——比较静态的还是动态的。如果仅想分析不同均衡情况存在的条件，则凯恩斯的定义完全足够。关于这一点在以后一节中还要详细谈到。

最后要谈的是霍特里的评论①，他是凯恩斯的同辈人，英国货币政策的主要对手。总的说来，霍特里的评论是挑剔的，但也不是全无好感。不过，他似乎全神贯注在利率的讨论上。事实上，霍特里认为凯恩斯的命题基本上是古典利息理论的翻版。这一点虽然很正确，但它具有什么意义，却决定于这一点：即在霍特里看来，凯恩斯用以替代古典利息理论的是什么。霍特里的评论十分着重凯恩斯的利息理论这一事实似乎意味着他把凯恩斯的革新看作是以灵活偏好理论替代古典的利息方程式。如果霍特里之意在此，则作者不能同意，但是从他的文章看很难说他的意思究竟是什么。

霍特里对利率问题的讨论，有的颇有兴味，有的则混淆不清。他的意见是，在许多新的投资计划中，利率仅占次要地位。他以为不利的利率对新投资计划的倡导人不会成为一种障碍，只要新投资计划实行时有竞争的话。此外，他认为需求扩充的可能性对刺激投资比之利率更为有力。霍特里的意见和近来被认为是凯恩斯体系结构上的一些特点的东西完全一致。但关于利率有两点混淆之处。他接受凯恩斯的观点，即在均衡状态时，利率会被导使与资本边际效率相等，但他的接受太天真。他认为在萧条时期利率最好低些；因此他的结论是我们应设法降低边际效率以降低利率。

① 《资本与就业》，伦敦朗门斯·格林公司出版，1937 年，第 7 章。

凯恩斯派确想提高边际资本效率使远在利率之上或降低利率使远在边际资本效率之下。他们从来没有想降低边际资本效率。另一混淆之处为对灵活偏好方程式的解释。根据霍特里的说法，这一方程式背后的理论包含着循环的推理。他说货币当局通过控制现金余额管理利率，而现金余额的需求又以公众预期货币当局对此将采取何种措施为基础。但货币当局仅通过现金余额的供求灵活偏好方程式决定利率。他相信这一论点是循环的。然而，这一点我们不能同意。现金余额的需求是说明在每种利率下人们需要持有多少闲置现金的一个表，其形状决定于预期的未来利率趋势，恰如通常的商品需求函数决定于未来价格趋势一样。一旦所有预期和心理行为都属既定，就完全可以肯定说明需求函数。

另一方面，货币当局对供给(供给和需求会相互影响)作出某种决定。这一供给表是一独立函数，决定于银行体系的贴现政策。银行独立地规定贴现率，贴现率转而决定货币的供给。贴现率和市场利率是很不相同的变数，银行对贴现率的控制并不包含对利率的决定理论的循环推理。货币当局在企图影响利率时，会猜测公众心理(即公众对余额的需求表是什么形式)，从而相应创造余额，但这并不是循环的。这仅是相互影响，是经济中各种市场共有的特点。

霍特里在评论储蓄和投资关系时，完全集中于凯恩斯的可观察量的概念而不是他的经济行为表的概念。不过，霍特里替代的定义实际上等于使用像表这样的术语。霍特里使用了计划的(自动的)和非计划的(被动的)投资这一概念，对这一概念的描述可以很容易地和表的概念相联系起来。

还有一个关于政策问题的次要点应当考虑。霍特里称，在萧条时期能带动就业的不是政府支出而是政府借款。他认为如果赤字是因豁免赋税而产生，则借款具有相同的效果。首先，这是对萧条的经济净注入更大的购买力因而使得收入增加。霍特里豁免赋税的计划意味着政府借款但不增加支出。如果以前的纳税人把原应付税款的钱用掉，而政府又不削减支出，则等于净注入一笔购买力，足以提高收入水平。但不通过借款我们也可以得到支出的有益效果，因为政府可在较高的水平上平衡预算以对经济创造净推动力。无论如何，如果要消除失业，政府或私人都必须增加他们的支出。①

工资的争论

在《通论》的开头几页中，凯恩斯径直地谈到古典工资理论。由于这一攻击而引起的凯恩斯派与非凯恩斯派的争论实际上是围绕着两个不同的争点。第一个争点是货币工资与实际工资二者的时间路线(time paths)之间的关系；第二个是远较重要的争点，即货币工资减低对就业的影响问题。

第一个争论的爆发是因凯恩斯下一推断而引起，他说历史的时间级数会表明货币工资率与实际工资率的改变率之间存在负数关系。在后来的一篇文章中，凯恩斯曾透露在《通论》中作这一推

① 实际上很容易构成一些言之成理的模型，其中政府增加支出的乘数效应大于豁免赋税的乘数效应。一种这样的模型是，消费或储蓄决定于付税后的收入而投资决定于付税前的收入。

断的理由。[①] 这一推断乃以三个一般命题为基础：(1)为生产一额外单位产量所增加的成本(边际成本)在短期会增加；(2)对于封闭的体系(closed system)而言，短期边际成本和短期边际工资成本没有很大的差异；(3)价格大体上被边际成本所左右。以后的结果表明，短期边际成本曲线在现行产量水平周围或许不变，同时在体系中存在很多的不完全，以致价格完全不等于边际成本。无论如何，在已作的统计调查中，发现凯恩斯的推断是不正确的。

邓禄普(J. T. Dunlop)[②]和塔雪斯(L. Tarshis)[③]二人都研究过实际工资率与货币工资率时间级数的行为。邓禄普发现，在英国货币工资率增加后实际工资率也常会增加，但在货币工资率减少后，实际工资或增加，或减少。塔雪斯的结论是以美国的情况为根据，他发现在1932—1938年间，货币工资率与实际工资率的改变百分比之间存在很高的正数关系。这些统计研究虽不是属于"严格的证据"的性质，但凯恩斯的估计似乎是错误的。

不过，我们主要关心的事不是实验问题而是工资减少与失业的关系问题。在上章所述的古典模型中，只要工资有伸缩性，就不可能有失业。在反凯恩斯的文章中，我们常可发现这一说法：如果凯恩斯允许在他的体系中货币工资可向下伸缩，则就业不足的均衡就会是不可能的。这些作者的结论是，凯恩斯的结论是从他的刚性假设而来。除前述第三章中的结论外，我们应当更仔细地观

① 见《实际工资与产量的相对变动》，《经济季刊》，第49卷，1939年，第34页。

② 《实际工资率与货币工资率的变动》，《经济季刊》，第48卷，1938年，第413页。

③ 《实际工资与货币工资的改变》，《经济季刊》，第49卷，1939年，第150页。

察近年来关于这一主题的文章讲过些什么。

在凯恩斯体系的概念开始占势力后不久，庇古[①]和卡尔多[②]参加了关于这一问题的第一次的严肃讨论。庇古承认他的论点是从制度上的障碍和不利的预期的可能性推演得来。因此他当然得出结论：货币工资减低会导致更多的就业。但为证明他的论点，他使用了下一命题：工资减低的主要影响是在利率方面。到此为止，凯恩斯派与正统经济学者之间尚无不和。但是进而考虑减低利率的最后结果，凯恩斯革命的意义就很明显。庇古根据传统运用了古典派关于储蓄表的假定——利息在这一函数中为一重要变数。卡尔多很快地指出，凯恩斯的革新为改变这一函数。如果储蓄对利率的变化敏感，则古典派的结论显得更为有理。此外，如果我们不假定无利息弹性的边际资本效率表或有利息弹性的灵活偏好表，则古典的观点无疑是正确的。但我们如更接近现实观察问题，各种弹性也许不能保证工资减低会产生创造收入的效果。不过，第三章的结论完全与庇古和卡尔多争论的意见相一致，即工资减低的最后结果决定于整个体系的结构特点。

这次争辩中的最重要论点之一是庇古承认货币工资减低不会增加就业，除非利率也因工资减低而减低。此外，工资减低和银行政策仅是导使利率改变的两种可供选择的办法。这些承认清楚表明在凯恩斯体系范畴内研究工资减低问题重点应放在何处。它非

① 《实际和货币工资率与失业的关系》，《经济季刊》，第47卷，1937年，第405页，和《货币工资与失业的关系》，《经济季刊》，第48卷，1938年，第135页。

② 《庇古教授论货币工资与失业的关系》，《经济季刊》，第47卷，1937年，第745页。

常确定地使争论从关于刚性和竞争的完全这些错误想法转向价格体系以外的行为，即转向公众的心理和预期态度。

关于工资降低对利率的影响意见虽然一致，但关于对储蓄和投资的影响却没有立刻取得一致意见。在计算利润时，工资作为一项成本，因而对投资决定可能产生某种影响。但工资也是个人收入的组成部分，因而对出产的需求也有某种影响，这又转过来影响投资水平。

如果工资减低使收入从工资劳动者手中转到非工资劳动者手中，则消费会下降而储蓄会上升。上升或下降的程度决定于工资收入和非工资收入的边际消费倾向的差别。我们知道，总的说来，工资劳动者组成收入减低的阶层，这一阶层的人民把他们得来的每一元额外收入都支出掉。而从股息、租金、利息、利润或特许权使用费中得到收入的人，则大部分属于高收入阶层，对于额外获得的收入不会支出那么多。工资减低最初的影响也许是在高支出者方面降低消费水平而在低支出者方面增加消费水平。

经济学家有时论称，劳力的需求是有弹性的，即工资的降低也许会增加总工资支出。如总工资增加，消费也会上升。

全部消费表将决定于工资与非工资收入间的分配。如收入方式剧烈改变，则表的位置会发生变动。在收入从工资劳动者转移出去的情况下，消费表会下降，对繁荣水平会产生压抑的影响。在另一种情况下，消费表会上升，最后的结果如何还是问题。

因为投资还取决于当前需求和成本以外的许多因素，工资降低对投资表有什么影响，很难看出。只要工资减低会引起对未来的不利预期，投资就会受到不利的影响。超通货紧缩情况的经济学非常重要，不应排除在外。为减轻失业而大规模降低工资很可能使投资推迟，因一般人会预期工资可能进一步降低。在想象中工资减低可以刺激预期，但这种情况很少。

为使工资降低对收入和就业的净影响具有重要性，投资函数相对于储蓄函数必须有所变动。如果变动的结果是引起更多的投资同时也引起更多的储蓄，这两种后果也许会互相抵消。在提出一个赞成降低工资的明显论点时，必须表明投资表会向上变动而储蓄表则向下变动。这一特别的变动方式似乎不可能，本书作者对减低工资能医治萧条的论点仍然难表信服。

储蓄和投资的争论

对于凯恩斯 S=I 的命题的有名争论常被笑指为关于定义的无益之争。抱这种态度是没有看到问题的要点。虽然这一争论的特点是它的解决对于理论比之对于政策更为重要得多。无疑地在经济政策方面某些特出的领袖并不完全清楚储蓄投资方程式。与此成对比，以上关于工资问题的讨论情况则大不相同。在失业时期是主张降低工资还是主张某种通货膨胀措施会造成很大的差异。关于降低工资后果的理论分析对于政府实际采取的经济政策也许会有深远的影响。

储蓄和投资争论中的所有混淆不清之处都可以归根于对表和可观察值二者未能分清。储蓄表是储蓄、收入和利率之间的一种关系，它表示和每对可能的利率和国民收入值相应的储蓄数量。投资表同样地是投资、收入和利率之间的一种关系，它表示和每对可能的利率和国民收入值相应的投资数量。现暂假定储蓄与投资和利率无关。这是一个近似值。这样就存在储蓄与收入间的一种关系以及投资与收入间的一种独立关系。如果这两个表像我们所相信的一样是平滑的曲线，那么就会存在一种独特的国民收入水平，在这一水平上，根据储蓄表计算的储蓄等于根据投资表计算的投资。这是用表的意义解释的储蓄和投资方程式。

"可观察的储蓄"一词指在知道使储蓄与投资相等的国民收入的独特均衡值以后，根据储蓄表计算的储蓄特殊水平。"可观察的投资"是在同一国民收入水平上从投资表计算得来。可观察的储蓄和投资值是单独的点，而储蓄和投资表则沿曲线形成继续不断的一系列的点。

经济过程被看作是由储蓄表和投资表的一系列的交点和均衡点所构成。每一时间点的观察的国民收入水平可以认为是和一组储蓄表和投资表相应的均衡收入水平。观察的储蓄和投资水平是和观察的收入水平相应的表上的两个值。这些表上的所有其他储蓄和投资值都不是观察的；它们是实际的储蓄和投资水平，和实际出现的国民收入水平以外的国民收入水平相应。实际的储蓄和投资水平是不相等的。

凯恩斯自己也没有作出适当的区分，对此他应当负点责任。他这样说：

收入＝出产值＝消费＋投资
储蓄＝收入－消费
因此，储蓄＝投资。[①]

① 《通论》，第 63 页。

这里他谈到的储蓄与投资是可观察值。但在另外的地方他说："传统分析法知道储蓄决定于收入，但忽视了一点即收入决定于投资，故当投资改变时，收入必定改变，收入改变之程度乃使储蓄之改变恰等于投资之改变。"[①]后一说明乃指获得均衡的调整过程。

在人所熟知的供给和需求理论中也有同样的情况。作为一定时间的可观察值，供给与需求不过代表同一交易的对立的两方，二者总是相等。但作为静态表，供给与需求仅在一真正的方程式中相关，二者并不相等。在后一种情况中，我们可以谈论在实际的、非观察的价格上供给和需求之间的差异。同样地，在实际的、非观察的收入水平上，我们可以谈论储蓄与投资之间的差异。

下面这种说法是正确的，但不令人感到兴趣：供给和需求或储蓄和投资在每一情况中代表同一交易的相对两方。所有需求的货物或投资的基金总是来自某处，这一点乃从定义而不是从经济理论推知。如果所谓"某处"在第一种情况中指供给，在第二种情况中指储蓄，则对我们理解经济体系之运行并无所补益。如果我们建立以下理论：在现行价格上供给和需求相等，在现行国民收入水平上，储蓄和投资相等，则我们就有了某种真正的分析工具。

把国民收入的任何观察值当作是和储蓄和投资间的方程式相应的均衡值（从表的意义上说），这一概念多少有点属于人为的。更为现实的观点是把观察的国民收入水平看作是继续不断的动态过程的结果。动态过程早经创立应用于个人市场的供给和需求。

① 《通论》，第184页。

一个熟知的动态表有如下述：供给决定于价格水平；需求决定于价格水平；价格改变率决定于供给和需求之间的差异，当需求超过供给时价格上升，供给超过需求时价格下降。要构成这一市场结构的数学模型和决定其中每一变数的时间路线，并不难。①

在上例中，价格是一起均衡作用的变数，它经常调整以使供给和需求达到均衡。在凯恩斯体系中，和这一调整过程类似的过程可以根据动态模型很容易加以说明。在这一模型中，储蓄决定于收入水平；投资决定于收入水平，收入改变率决定于储蓄与投资之间的差额。投资超过储蓄则收入上升，储蓄超过投资则收入下降。在均衡状态时，收入的改变率为零，既不上升亦不下降。在这一意义上，均衡意味着储蓄与投资之间没有差别。因此，凯恩斯的储蓄和投资方程式可以看作是一个动态体系的均衡答案。同样，通常的供给需求方程式也可以看作是一个动态体系的均衡答案。

与供给和需求之间的差异相关的价格行为显然可以根据盘存的波动来说明，因为供给与需求之间的差异被下定义为盘存的改变率。有供给但无需要的货物以存货或盘存的方式积累。价格调整关系可以重述为：价格改变率与盘存积累率成反面变化。现在可以表明，储蓄和投资方程式也可以根据盘存积累来说明。这一说明有助于了解国民收入的某些周期形态。

商业部、国立经济研究所及其他机构所计算的国民收入被下定义为对消费财货的支出，对固定资本的支出，对运用资本的支出

① 萨缪尔森曾创立了许多模型，见《均衡、比较的静态与动态的稳定》，《经济统计学杂志》，第9卷，1941年4月，第97页。

(=盘存积累),政府对货物及劳务支出以及净国外余额的总和。为便于说明,可以忽略最后两项,因为它们与所获结果无关。

对运用资本或盘存的支出有两种。一种是商人为交易、谨慎或投机动机而作的盘存支出。一家厂必须持有一定数量的货物在手中以执行定货,此外厂家就因预见价格上升而持有货物,或因预见价格下降而出清货物。在任何情况下,厂家需要一定数量的货物以应理性的经济动机的需要。企业家持有的盘存的另一种为市场不能以合适的价格消纳他们的供货时他们被迫保持的盘存。这些盘存为商人持有的存货数量,但根据以交易或投机动机为基础的合理的经济打算,他们并不想保持这些货物。它们是非意愿的盘存。

现假定投资包括对运用资本的意愿支出但不包括非意愿支出。则国民收入的基本定义为:消费加投资加非意愿的盘存积累为国民收入。我们已给储蓄下定义为国民收入的未消费部分。从这两个定义可以得出以下结论:储蓄与投资之间的差额等于非意愿的盘存积累。

根据这一关于储蓄与投资之间差额的定义,让我们再考虑一下我们的动态理论。收入的改变率和储蓄与投资之间的差额向相反的方向变化,或者换句话说,收入的改变率和非意愿的盘存积累向相反的方向变化。这一说明蕴含着一个关于企业家行为的合理理论。当盘存堆积时,企业家削减生产,出售存货;当盘存将近枯竭时,企业家增加生产以满足市场定货需要。在收入既不上升亦不下降的均衡中,非意愿的盘存也不会上升或下降,储蓄等于投资。使储蓄与投资相等的均衡条件为非意愿盘存既不堆积也不枯竭。

储蓄和投资方程式的图可以直接根据储蓄和投资表画出，如图7，也可以根据消费和投资表画出。后一种解释在当前涉及经济政策的讨论中被广泛使用。

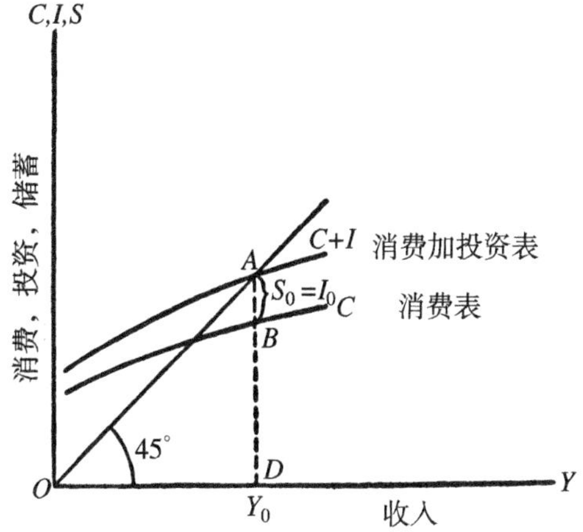

图　7

沿对两轴均倾斜45°的直线，横坐标与纵坐标常相同。曲线C为消费表，说明和社会收入的每一水平（横轴）相应的社会对消费财货的支出数额（纵轴）。在C曲线的每一点上，我们垂直地加上和每一收入水平相应的投资水平。这样投资表乃是C曲线和（C＋I）曲线之间的垂直距离，它表明每一收入水平上的特殊投资水平。45°线与C曲线之间的垂直距离表示储蓄。直到C曲线与45°线交叉的一点为止，储蓄均为负数，在这一交叉点上储蓄为零，从这一点向右均为正数。收入值Y_0有两个解释。第一，它是一个特别的收入水平，从这一收入而来的消费支出加上从这一收入而来的投资支出恰等于这一收入。在这种图上，均衡收入水平恒为既定，总支出的(C+I)曲线(消费加投资表)与45°线相交叉。

Y_0 的另一解释是，它是这样一种收入水平，即用(C+I)曲线与C曲线之间的垂直距离衡量的投资等于用45°线与C曲线之间垂直距离衡量的储蓄。均衡储蓄水平 S_0 等于均衡投资水平 I_0，但S和I都是用不同的表衡量。

此图代表构成凯恩斯体系整个柱石的基本组成理论。

凯恩斯在关于储蓄和投资方程式问题上回答他的批评者时，曾想到表的关系①。因为，第一，他曾引用普通市场供需曲线之类来解释这一方程式。他考虑储蓄和投资表恰如我们考虑供给和需求表一样。第二，他说他在假定储蓄等于投资时，他还是老式的。他之所谓老式实际意指他假定储蓄与投资相等是由于表的交叉之故。他强调他的真正贡献是将均衡变数从利率改为收入水平。

近年来关于这一问题的争论文章实际上都只谈到观察的总数，未能根据适当的表的概念来讨论。可是，在争论中曾使用"前在"(ex-ante)和"后在"(ex-post)这些术语，简单言之，它们最后除指表和可观察值外，没有其他意义。如果把前在数量作为经济表而把后在的数量作为观察的总数，则用这些术语所作的说明和前述说明恰相一致。不过，在争论文章中关于罗伯逊的定义存在着混淆。② 罗伯逊曾根据某种既定长度的时期为储蓄和投资下定义。选择长度的精确方法与当前的讨论无关。罗伯逊给储蓄下的定义是：当前时期未支出于消费财货的前一时期所得到的收入。

① 《两种利率理论》，《经济季刊》，第47卷，1937年，第241页。

② 《储蓄与贮钱》，《经济季刊》，第43卷，1933年9月，第399页。

他给投资下的定义是：当前时期的收入减当前时期的消费。

许多作者似乎认为这些定义具有某种奥妙而优越的力量。常有人说这些定义比较好，因为它们是动态的，因为它们谈到储蓄与投资间的异常。两种说法都是混淆的。罗伯逊的定义仅在最细微的意义上是动态的。它们给不同的时间点上的观察的总数下定义，但没有表明经济行为之间的函数关系，因而仅能把体系中的每一变数作为时间函数来解答。罗伯逊没有理解消费表、储蓄表或投资表的存在。他建立了一些时间间隔的定义（lagged definitions），但没有表现出真正的动态关系。虽然如此，如将罗伯逊的时间间隔定义插入凯恩斯的函数中，那么就可以发展出一个动态的体系。做法如下：

决定于当前利率及时间间隔收入的储蓄＝决定于当前利率及当前收入的投资。

独立的货币供给＝决定于当前利率及当前收入的货币需求。

这是真正动态的凯恩斯体系，在这一体系中可以确定体系中所有变数的时间路线。为使体系成为动态的体系，必须假定消费支出是来自前一时期的收入。罗伯逊提供了这一概念，但他没有提供一个能够表明消费和收入之间的确定的行为关系的消费函数理论。还有人谈到罗伯逊定义的其他优越性，但承认储蓄与投资之间有差异者亦不止罗伯逊之定义。在凯恩斯定义中亦承认这种差异——但不是在可观察的收入水平上，而是在实际的水平上。在静态的凯恩斯体系中，只有当体系不在均衡点上时，储蓄和投资之间才有差异。同样，在静态的供给和需求理论中，只有在不均衡的实际价格上供给和需求之间才会有差异。

利息的争论

利息现象为经济理论中最困难的问题之一。但经济学家现在渐渐感到，在现代经济世界中利率不是一个很重要的变数，不过利率理论仍非常不能令人满意。凯恩斯已经开了路，今后经济学家必会更细致地研究持有货币而不持有能获利的资产的动机何在。

这里要谈的是关于灵活偏好（凯恩斯派）理论家与可贷放资金[①]理论家之间的争论。主要的问题有二：(1)这两种理论是否相同？(2)如果两种理论不同，则哪一种比较好？如可贷放资金理论家能精确地规定可贷放资金的意义，那么第一个问题的回答就是一个简单直截的经济分析问题。下文将表明，在考虑过可贷放资金理论家所用的几个特殊定义之后，回答第(1)个问题就很简单。另一个问题比较不容易回答，但在两种理论有所不同的那些定义之下，灵活偏好理论比较可取。

在文献中，最少曾三次有人企图证明这两种理论提供的结论相同，但三个证明都不能令人满意，无法接受。希克斯的企图曾在以前提及。[②] 他论称，利率像其他所有价格一样，是作为一个有 n 个方程式的一般均衡体系的答案而决定的。他运用了一个旧的论点，即在体系中有一个方程式可从所有其余的方程式推论出来，因此可以将它消除。对希克斯而论，这就是他为证明他的论点所需

① 这些理论家认为利率是由可贷放资金的供给与需求决定的。下文拟指出曾经提出过的关于可贷放资金的各种定义。

② 见《价值与资本》，1939 年，第 12 章。

要的全部工具，因为这样他就可以选择或者消除货币供求方程式，或者消除信用供求方程式。根据他所消除的方程式，他可以是一个可贷放资金理论家，也可以是一个灵活偏好理论家。勒讷先生曾公开地这样说过，如果他消除了花生的供给和需求，结果怎么样？

在这种情况下，他不能自称他不是可贷放资金理论家就是灵活偏好理论家，然而利率还是可以得到决定。希克斯说不论消除哪一个单一方程式，作为方程式体系的答案可以得到同一的利率，在这一点上他是正确的。但这一论点没有证明什么东西。他没有说明利率是否为这样一种机构，它把资金分配在闲置的贮钱上而不是在可获利的资产上，或者它会使贷款的供给和需求达到均衡。它没有说明应将哪一块积木配入一个确定的体系中。

仅仅枚举方程式和变数会使人误解。对凯恩斯的理论而言，尚必须考虑表的形状以及表的数目。灵活偏好理论为完全确定的凯恩斯体系的一部分，和加于表上的条件常相一致。因为可贷放资金理论从未被作为一个完全确定的体系的一部分，不能保证这一理论会与凯恩斯体系相一致。事实上，根据某些定义，可贷放资金的供给和需求可化成储蓄与投资方程式。前章已表明储蓄和投资的利息理论不能满足凯恩斯的条件。

设想这样一种情况：全部投资都来自借贷资本，供应借贷的资金又都来自当前的储蓄。根据这一理论的某些说法，可贷放资金的供给和储蓄相等，可贷放资金的需求则和投资相等。可贷放资金的利息理论蕴含这一点：不管影响储蓄和投资的其他变数水平如何，总存在一个能使储蓄和投资相等的利率。但凯恩斯理论表明，其他变数也存在某种水平（即充分就业收入），在这种水平上没有任何正数的利率能使储蓄与投资相等。

另一个企图调和灵活偏好和可贷放资金理论的是勒讷。[①] 他给信用的供给下的定义是，一定时期内的储蓄加货币数量的净增加，信用的需求是这一时期的投资加净贮钱。这是可贷放资金的供给和需求的精确定义，并为卓越的可贷放资金理论家哈伯勒所赞同。[②] 以 ΔM 代表货币数量的净增加，ΔL 代表净贮钱；勒讷的调和意见可以用图表示，如图 8。

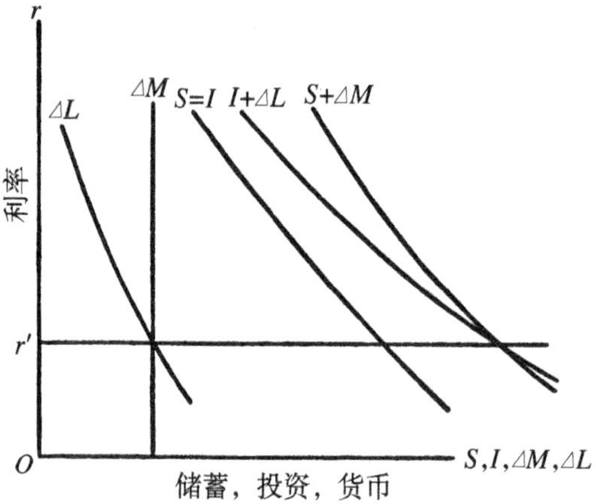

图 8

勒讷论称，当利率为 r′时，当前时期可贷放资金的供给（S＋ΔM）与可贷放资金的需求（I＋ΔL）达到均衡。他继称，这同一利

① 《利息理论的两种说明》，《经济季刊》，第 48 卷，1938 年 6 月，第 211 页。在最近一篇文章中，勒讷重述了他对利息理论的意见，他的可贷放资金和灵活偏好理论可以相容的观点似乎无甚改变。见《利息理论：贷款的供给和需求或现金的供给和需求》，《经济统计学评论》，第 26 卷，1944 年 5 月，第 88 页。

② 见《繁荣与萧条》，日内瓦国际联盟出版，1939 年，第 184 页。

率会使货币的需求和供给相等，因而表明与灵活偏好的理论相一致。后一结果的获得是通过将常数 M_0（时期开始时持有的货币数量）加于 ΔM 和 ΔL 曲线上。在他的程序中有一个很严重的缺陷。使储蓄与投资表相合一致是一个错误。如果这是储蓄和投资过程的正确说明，则也许不会有一个确定的体系，而理论或许要以萨依定律为基础，即在没有一个使储蓄和投资达到均衡的机构时，储蓄也会自动地和投资相等。在勒讷的图中，收入是作为一个任意规定的常数。假定收入是在充分就业水平，则 S 曲线和 I 曲线与前章图 4 中所画的一样。它们不在图中的有关部分交叉。因而在将曲线 ΔM 和 ΔL 和它们分别相加时，所得的曲线不会沿 r' 线相交叉。我们不能接受勒讷的两个维度的定理，它没有考虑到收入水平。

以上说明和下面这一直觉的概念相一致：灵活偏好理论是根据存货的大小说明的，它与根据流量说明的可贷放资金理论不可能相同。

第三个企图证明这两个理论是一回事情的是费勒（Fellner）和萨默斯（Somers）。[①] 这一企图或许是成功的，不过，如果这样说，则可贷放资金的供给和需求的定义就要增加某些新的内涵。这两位作者运用积木块理论并假定收入既定，将灵活偏好函数分为三部分：（1）对不包括要求权（claims）在内的货物的需求；（2）人们对他们自己的货币的需求；（3）对要求权的需求。整个问题以要

① 《两种从货币方面对利率理论的研究》，《经济统计学评论》，第 23 卷，1941 年，第 43 页。

求权的定义为中心，因为在他们的分析中，这明确了对可贷放资金的需求。他们对这一问题的讨论如下：

要求权的定义显然是任意规定的，它必须决定于我们把“利率”叫做什么（即是说，根据定义，我们要把什么包括在利息结构中）。但我们一旦决定了“要求权”的任何定义，那么在把什么当作是“利率”这一点上，我们当然必须自相一致，因为利率仅是要求权的稍许不同的一种说法。[①]

给要求权下一个定义以使两种理论吻合一致是可能的。

在供给方面，他们也分为三类：(1)除要求权以外的货物的供给；(2)人们自己的货币的供给；(3)要求权的供给。他们然后把要求权以外货物的供给和要求权以外货物的需求看作与利率表无关，而在任何一般均衡情况中都相等。[②] 他们又认为，不管利率如何，人们对他们自己货币的需求等于他们对自己货币的供给。有了这两个关系之后，就可以推知：在使要求权的需求和供给相等的同一利率上，他们的三类供给总和等于他们的三类需求总和。他们称第一个相等为灵活偏好方程式，第二个相等为可贷放资金方程式，两种相等会导致同一的利率。他们这种论证方法实际上等于把货币供求方程式中依存于利率的那一部分作为可贷放资金的供给和需求。如可贷放资金理论家所指在此，则他们的理论与灵活偏好理论很相一致，但他们不能以此为借口将可贷放资金理论说成是流量理论。费勒和萨默斯曾把要求权下定义为可谋利的资

① 《两种从货币方面对利率理论的研究》，《经济统计学评论》，第23卷，1941年，注13，第45页。

② 此种说法当然不能令人满意，因为它仅从枚举变数和方程式得来，没有考虑全部表的关系的形状和地位会引起什么影响。

产数量，但个人对自己的可谋利的资产所供给和需求的数量不包括在内。

如果这两种理论都是根据存货大小而不是根据流量大小叙述，则它们所述是一回事，在二者之间无所用其选择。但根据流量叙述可贷放资金理论更为有用，而灵活偏好理论则明显地是存货理论。在较为通常的情况下，有理由说凯恩斯理论更具有优越性。席托夫茨基(T. de Scitovszky)比他人更好地说明了为什么利息理论应是存货理论而不应是流量理论的经济理由。[1]

席托夫茨基指出在通常供给和需求的分析中，价格为两个流量的分配机构，在论及存货量不大或存货与价格无关的商品时，这一研究方法是适当的。但在存货量很大而且与价格相关的情况中，则供给和需求流量方程式或许不能导致正确的结论。他的论点如下：假定某种货物当前的生产和消费流量在当前市场价格下处于均衡中，而这一价格对存货的供给和需求又是一个均衡点。如果现在消费者对这一货物的需求有变动，使两种流量达到均衡的新价格的建立会受到存货因新价格而调整这一行动的阻碍。如果需求的变动是消费者对该项货物需要的减少，则价格会下跌以使流量表达到均衡。但存货的持有者也许要在价格较低时增加他们的存货。因此存货持有人的行动也许会影响流量的调整，并可能使调整不会出现。

货币和可谋利资产显然都是具有很大存货数量的商品。我们知道利息是从现有资产存货和当前的流量上赚得的。利息不是信

① 《利息和资本研究》，《经济季刊》，新第 7 卷，1940 年，第 293 页。

用流量的供给和需求之间的分配机构，而是可谋利资产与非谋利资产持有数量之间的分配机构。

席托夫茨基以消费者行为和效用理论为基础，提出了非常适切的论点，表明持有证券的需求是一个渐减的价格函数。这一论点给了凯恩斯关于灵活函数形状的假定以正式的证实。

大体上说，凯恩斯的贡献是指出人们能作出两种不同类型的决定。他们可以决定把他们的收入储蓄起来还是消费掉，也可以决定是持有闲置现金还是非流动证券。每一决定都需要有经济计算。在前一种情况中，个人根据他们的收入决定消费支出多少，储蓄多少。在后一种情况中，他们须以两种不同的报酬率(即利率)为基础，决定以现金还是以证券的形式保持他们过去积累的储蓄。这两种决定之间的区别显然需要有一个灵活偏好的利息理论。

第五章 《通论》的前驱

“我预测，那些与‘古典学派理论’已结不解之缘者，或者认为我完全错误，或者认为我一无新见。”[①]凯恩斯是否有新见地？与当时其他大多数经济学家的言论相比较，他肯定有些不同的见地。但是在经济学文献中我们也不难发现许多前人曾经述及的相同的概念。事实上，凯恩斯体系的每一论点都曾在某时在文献中某处讨论过。但没有一个理论家以(1)消费(储蓄)倾向，(2)边际资本效率，和(3)灵活偏好为基础创立过一个完全而确定的模型。本章中将谈到的凯恩斯的前人都未能利用后来凯恩斯提出的那些概念。此外，这些先驱者的心目中大多没有系统的理论概念，我们须在字里行间揣摩，以调和他们的观点和今日的观点。我们不想考虑历史上每一个曾循着与凯恩斯相同的思路讨论过经济问题的作者，仅拟选择某些知名的曾经考虑过失业问题的奇想家，持异端者和令人尊敬的经济学家加以说明。

关于储蓄和投资的早期概念

我们在前文看到，凯恩斯体系的概括模型可以写成为一个储

① 《通论》，第V页。

蓄和投资方程式和一个灵活偏好方程式。因为找不到证明以前曾有任何作者运用这一确定的体系，目前的研究只能是对积木块的研究，因为这些积木块在大多文献中确曾出现过。但显然没有人曾经讨论过两种积木块。本章所述著作家可以方便地根据他们曾经讨论过哪一积木块而分类。本节将讨论一些在某个时候曾考虑过储蓄和投资问题的经济学家——消费不足论者。

在很多情况下，我们很难说出任何早期著作家对凯恩斯概念的发展是否具有何种直接影响。他可能常常先独立地发展自己的概念，然后指出以前曾有何人表达过同样的概念。但在个别情况中，我们有理由相信，凯恩斯曾得到深刻的启发。凯恩斯在将要写出他的革命理论的时候，曾对马尔萨斯这位令人尊敬的和非常有能力的经济学家表示他的钦佩。他在1933年2月完成的《传记随笔》(*Essays in Biography*)中曾对马尔萨斯表示很大的敬意，特别提到马尔萨斯对有效需求的讨论。前章曾提到，凯恩斯和他的同代人之间的分歧在许多方面可以比拟于拿破仑战争后马尔萨斯和李嘉图之间的分歧。所有的争论点本质上都是一样。马尔萨斯，后来则是凯恩斯，想用有效需求理论替代萨依定律。凯恩斯对于这一历史性的相似无疑非常了然，并曾从细读早期文献获得益处。

像凯恩斯革命一样，马尔萨斯对失业问题的贡献是他那个时代的产物。他经历过工业革命的繁荣发展时期和以后拿破仑战争的经济高涨时期。但在战争以后随之而来的是严重的失业和萧条时期，未能迅速得到复苏。社会经济环境的影响在马尔萨斯经济学中表现得很深刻。像许多经济学家在最近两次战争中间时期所感到的一样，马尔萨斯对富足中间的贫困这一矛盾现象印象很深。

普遍的失业是不必要发生的，因此它更成为一个问题。经济资源有可利用，人们又希冀从利用这些经济资源中得到成果。但马尔萨斯看到了那些满脑子萨依定律的人所根本不能看到的一些东西，即人们虽然想消费，但他们不能有效地需求消费。必需有一个有效需求的理论来解释当时的萧条。

如所熟知，萨依、李嘉图和穆勒(Mill)认为市场的普遍存货过剩是不会发生的。他们认为在特殊工业中会出现失调致产生暂时的不足或过剩。但一般说来他们认为生产通过萨依定律而规定消费。他们认为，在市场利率之下，所有储蓄都自动地流向投资。马尔萨斯在1820年初版的《政治经济学原理》(*Principles of Political Economy*)中否认这一学说。他提出是有效需求决定消费，消费又转而决定生产。

如果当初马尔萨斯能发展一个决定有效需求的完全理论，则他和现在的凯恩斯体系就很接近。他知道有效需求为什么重要，他也知道它的真正意义，但是他没有一个关于如何决定有效需求的充分理论。大多数消费不足理论家都是如此。他们仅仅充分地分析了过程的一部分。他们很了解整个问题的储蓄和消费的一面，但是他们常不能恰当地把它和投资的一面结合成为一个整体。

马尔萨斯知道储蓄是资本积累的必要条件，但是他没有谈到进行储蓄须牺牲消费。他清楚地解释过在失业时期如何可以使储蓄和消费二者都增加。他说：

由于以前国民收入值的增加，它(储蓄)也许会发生，实际上常常发生。在这种情况下人们进行储蓄，不仅不会减少需求和消费，而且在过程的每一部分，需求、消费和价值实际都会增加。这种国民收入值以前的增加事实上既大大刺激了积累，又使这种积累在财富的继续生产中产生效果。①

马尔萨斯在这里认识到储蓄依存于收入，收入的增加会导致储蓄的增加。我们也知道，他了解消费与储蓄之间的关系是：它们是处理收入的两种可以任择其一的方法。从他的说明可以推知边际储蓄倾向小于一，因为他所设想的收入增加是由储蓄的增加和消费的增加所组成。他之所以能够想象一种储蓄和消费都会增加的情况乃因他不曾追随他的同时代的古典经济学家之后把收入水平作为既定。他一再谈到储蓄习惯和态度，为储蓄表理论提供了基础。

除储蓄过程理论外，马尔萨斯还看到储蓄如何与投资交互发生作用，但是他从来没有充分地探究过投资的动机。有时他似乎隐含着这样一个意思，即投资全然是一个国民收入函数。请考虑一下以下引语：

……但是与整个生产者与消费者有关的国民储蓄，必然受到能有利地用来满足对产品的需求的数量的限制；而创造这一需求，必须在生产者自己中间或其他消费者中间有充分而有效的消费。②

以上两段引语的内容表明马尔萨斯大概曾经研究过储蓄和投资方程式决定有效需求水平这一命题，但是说明不甚清楚。如他能对投资表的形状和地位作更好的分析，那也许会发生一场马尔萨斯的革命了。

① 《政治经济学原理》，东京国际经济界与伦敦经济政治学院合作重印，1936 年版(1820 年初版)，第 365—366 页。

② 同上书，第 401 页。

我们既已了解马尔萨斯就业理论的某些要点，就可以进而考虑他的与近代经济学有关的一些更为具体的论点。与他的储蓄函数观点相一致，他知道收入和财富的分配对储蓄水平有某种影响。他理解储蓄来自较大的收入和土地持有，收入的更平等的分配会刺激消费。他不含糊地这样说：

三十或四十个年有一千到五千元收入的所有人比之一个年有十万元收入的所有人会创造对生活必需品、便利品和奢侈品的更为有效的需求。①

马尔萨斯对公债和公债对经济的影响问题有一些较进步的观点。作为一个优秀的理论家，他认识到假使利息负担不会吸尽国民收入，那么公债在理论上不是一个问题。但他对现实世界的实际问题也很敏感，他把公债看作是不必要的祸害而加以反对。他以三点理由来反对公债：1. 他认为征税偿付利息对生产或许是一种障碍。2. 公众认为举债是坏事，会因公债的偿还而感到安心。3. 公债会加重通货膨胀或通货紧缩的祸害，不管哪一种情况发生，都会伤害某一阶级。令人寻味的是他把他的就业理论和公众的态度联系起来。

马尔萨斯对工资减低与失业的关系这一问题的论点是令人失望的。我们原来想象这样着重有效需求理论的人决不会把减低工资看作是对就业的一种刺激。但他的论点却是遵循最严格的古典思想路线的：

根据李嘉图的观点，我认为对外贸易的扩充常会使我们陷入我国在

① 《政治经济学原理》，东京国际经济界与伦敦经济政治学院合作重印，1936 年版（1820 年初版），第 374 页。

1816年初所面临的那种环境，那时因供给很大，使谷类及其他商品忽现丰富和便宜，而需求则不足，因而减低了我国的收入值，使无法再按同一价格换得同一数量的劳动，其结果是，千万人在富裕之中失去工作——这是劳力货币工资降低的一个痛苦的但几乎不可避免的先奏，降低工资是使一般的国家收入能雇用和以前一样数量的劳工的惟一办法，也只有这样，才能使财富的增长在经过一段严重挫折时期后，再向前进展。[1]

现在再撮要叙述一下马尔萨斯关于循环理论的观点和他的积极改革方案。他的商业循环理论是：[2]在繁荣时富裕的个人从他们日趋增加的收入中储蓄了较大的数量，因而能用于投资和雇用生产劳工。由于储蓄移向投资，会有更多的货物上市销售，但由于可利用的工人数字有一限度，改变消费习惯又需要时间，消费的有效需求不会很快上升，市场存货因而会发生过剩。因此，富裕者的储蓄会引起有效需求的缺乏。经济体系会随之陷入萧条，生产下降。在减低工资和有较好的获利机会后，复苏得以开始。他主张通过公共工程计划维持不生产的消费作为一种改良的措施。不生产的消费的概念是马尔萨斯对解决经济问题的主要贡献。他把不生产的消费者下定义为卖出劳务但没有转而为市场生产具体商品的人。工厂劳工把他们的劳务卖给雇主，生产货物作为回报。在马尔萨斯的方案中，他们是生产的消费者。仆役出卖劳务给主人，但不生产具体货物，则属于不生产的消费者。马尔萨斯相信，我们的得救就靠不生产消费者，因为他们有购买力使市场存货出清，但

---

① 《政治经济学原理》，东京国际经济界与伦敦经济政治学院合作重印，1936年版(1820年初版)，第393页。

② 见奥利里(James J. O'Leary)：《马尔萨斯和凯恩斯》，《政治经济期刊》，第50卷，1942年，第901页。

不因他们的经济劳务而为市场增加任何存货。本节下面要解释的福斯特和卡钦斯的观点和以不生产消费为中心的马尔萨斯的观点很相似。不过,凯恩斯不同意马尔萨斯(以及福斯特和卡钦斯)的意见。他认为在失业时期高水平的投资对于收入和繁荣水平是一个净刺激,不管它是雇用生产的还是非生产的消费者作为劳工。

在马尔萨斯和他的某些同时代人以后,消费不足派的著作家均无盛名,直待世纪转折,霍布森开始露头角以后情况方有改变。不过,我们可以在马尔萨斯以后不久的马克思的著作中发现一些一般消费不足的分析。但马克思先凯恩斯而说明一些问题和大多数消费不足论者有所不同。关于凯恩斯和马克思的关系经济学家的意见不甚一致。迪拉德(D. Dillard)对蒲鲁东(Proudhon)、盖赛尔(Gesell)和凯恩斯的关系曾作过一些很好的研究[①],他说因为凯恩斯曾称赞过蒲鲁东的门人、反马克思主义者盖赛尔的著作,马克思与凯恩斯之间似无比较之可言。此外,凯恩斯认为(我们认为这是错误的)《资本论》是"一本陈旧的经济学教科书,……不仅在科学上是错误的,而且缺乏兴趣,不能应用于现代世界"。[②] 但无可争辩的事实说明,某些严肃地考虑经济问题的近代马克思主义者支持凯恩斯的经济学。在凯恩斯经济学中有些什么东西足以投合马克思主义者的心意呢?

在考虑以上问题前,我们首先想评论一下迪拉德的意见。如

---

① 《凯恩斯和蒲鲁东》,《经济史期刊》,第2卷,1942年,第63页。又《蒲鲁东、盖赛尔和凯恩斯:对凯恩斯〈通论〉的某些反马克思的社会主义者先行者的研究》,加利福尼亚大学博士论文,1940年8月。

② 《劝说集》,第300页。

下所述，盖赛尔和蒲鲁东对凯恩斯经济学的主要贡献是在货币和利率理论方面。这些反马克思主义者对这一体系的更为重要的基本理论（即储蓄与投资理论）无甚可说。这两位作者忽视萨依定律和有效需求理论，他们是纯粹的货币改革论者。另一方面，马克思对利率理论不很感到兴趣。马克思在利息理论和政策上很可能不会同意盖赛尔、蒲鲁东甚至凯恩斯的意见，然而也许会同意凯恩斯关于资本主义经济通过储蓄转入有利投资过程而变动的学说。

大体上我们可以说马克思分析了资本主义体系没有也不能适当地发挥它的功能的理由，而凯恩斯则分析了为什么资本主义体系没有但是能够适当地发挥它的功能的理由。凯恩斯想辩护，想保存，而马克思则想批评，想破坏。

两位作者都把经济体系作为一个总体看待，没有纠缠在细微的静态的无法澄清的混淆之中，但马克思和凯恩斯的方法论在很多重要方面都大不相同。凯恩斯的分析常常是极端古典的，而马克思则是非正统的。下面这两个命题有很大的区别：

> 不变资本加可变资本加剩余价值等于总产量的价值。
> 消费（决定于收入）加投资（独立变数）等于国民收入值。

如果凯恩斯经济学完全根据可观察的总数叙述，像第一个命题一样，那么这两种方法论就会很相似。但所有凯恩斯的重要结论都是从经济行为表而不是从可观察值的确定的关系中引申出来的。不过，凯恩斯也曾谈到过和利用过资本主义体系内某些历史趋势，这种地方也就是他的结论和马克思的结论相吻合的地方。

在了解这几点后，似乎可以看出凯恩斯和马克思的主要关系是在他们对边际资本效率和利润率的历史时间路线的不同概念方面。

根据马克思之说，由于积累的结果，固定资本相对于可变资本(资本的有机构成)的数量逐渐增加，促使利润率下降。这样便会发生一个消费不能填补的空隙，因而引起资本主义过程中的基本矛盾。利润率渐降理论乃以这一关系为根据。根据定义，利润率决定于剩余价值(剥削)率和资本的有机构成。①

设如马克思所假定，剩余价值率不变，则利润率与资本的有机构成成反比例变化。

凯恩斯利用表的概念，探究在任何既定的一点时间上决定资本边际效率的力量是什么。马克思则研究在某种社会环境中，决定利润率的历史的力量是什么。但关于私人企业报酬的时间型式，凯恩斯和马克思所得结论并没有两样。两位作者都预言过这一变数的下降趋势，这是由于过去资本积累率高的缘故。凯恩斯为近代的萧条论题提供了基础，这一论题对马克思和马克思主义者都决非没有吸引力，他们早就预言过利润率的下降。

关于储蓄和投资关系中的储蓄一面，马克思没有作过可以与凯恩斯相比的分析。马克思最多建立了这样一种理论：资本家把他们的剩余收入储蓄起来，然后企图把这些储蓄投资于有利的企业中，他当然很知道资本主义收入分配的形式对储蓄水平的影响。

在商业循环理论方面，马克思是一个折衷派，不固执某一特殊概念。常有人说他偏颇地支持消费不足理论，但是我们无从知道，

① 见斯威齐(Paul M. Sweezy)：《资本主义发展理论》，1942 年，第 68 页。

假使他活得久一些，在发展这一理论方面他会做些什么。不过，实际上所有消费不足论者的理论中都有凯恩斯体系的幼芽，马克思也不例外。

我们不妨根据马克思的传统精神进而更精确地说明马克思型的有效需求理论中的各种关系。这样我们就能更好地了解马克思和凯恩斯的关系。

在马克思体系中，消费是由两部分组成，即工资劳动者的消费和资本家的消费。人们通常认为工资劳动者把他们的收入都花在消费上。这意味着他们的边际消费倾向恰等于一。不过，家庭预算调查材料和民意测验都不能证实这一极端的观点。我们发现在现代世界中低收入阶层的人民对每一额外收入的美元会储蓄一小部分。他们的边际消费倾向大概是零点八或零点九，而不是一。无论如何，如果工人的边际消费倾向稍许小于一，经济体系的结构就不会有基本的改变。

消费的另一组成部分——资本家的消费决定于资本家的收入和利润、利息和租金。在马克思体系中，全部资本家收入总数称为剩余价值。出自剩余价值收入的边际消费倾向很小，约为零点一或零点二。

资本家可以在两方面支出他们的剩余价值。他们可以购买消费财货或生产财货。除他们对消费财货的支出倾向外，我们还必须计算他们对生产财货的支出倾向。后一倾向为投资表。像在凯恩斯体系中一样，固定资本的积累也许会使投资倾向向下变动。

最后我们可以提一下以下命题以结束对这一体系的说明：剩

余价值与工资总支出间的比率是不变的。这是人所熟知的不变的剩余价值率——体系中的一个制度常数①。

现可将整个马克思体系表述如下：

消费决定于工资和剩余价值。

投资决定于剩余价值和积累资本。

工资与剩余价值成比例。

国民收入等于消费和投资总和。

国民收入等于工资和剩余价值总和。

其中有五个关系和五个未知变数——消费、工资、剩余价值、投资、国民收入。② 如果所有这些表都运行正常，则体系就是完全确定的。

设来自工资收入的边际消费倾向实际上等于一，则马克思体系把商业循环和萧条全部归咎于资本家，因为在这种情况下他们是经济中惟一储蓄的阶层。只有他们才能创造不被有利投资出路所抵消的储蓄。不过，如果我们把来自工资的边际消费倾向看作小于一，则储蓄的负担可以分给劳工和资本家两方面。如果这样，则资本家对储蓄以及未能在充分就业水平上投资一事不能独负其责。他们仅能对没有适当地抵消两个阶级——劳工和资本家的储

① 对于这一制度常数可以很容易地作如下的有理解释：如果技术的生产函数是一次对数形式，和附录中用以引申凯恩斯体系的一样，则在技术限制范围内最大限度地扩大剩余价值，就会出现工资和利润间的不变比率。在这一说明中，总产量在马克思的不变资本（折旧和原料）中为一净值。总产量被下定义为净国民收入。

② 我们照通常假定，积累的资本数量在短期中可以看作不变。我们可以加上以下一个关系以使这一假定法则化：投资等于资本数量的改变率。为研究这一体系的动态行为就必须这样做。

蓄负责。

我们可以像把凯恩斯体系动态化一样来把这一理论动态化。我们可以在投资方程式中引入时间间隔，把投资下定义为资本数量改变率，等等。由于这些动态化就很容易决定这一体系中所有变数的时间路线。马克思的利润率渐降理论就可以直接从这些动态模型中的利润率的时间路线推论出来。

和凯恩斯同时代的消费不足论者留下了一些颇饶兴味的经济学说。任何这些作者如果有能力把他们对经济体系的行为所作的有启发性的命题赋以严格的形式，则他们早已先凯恩斯而出名了。他们能清楚地看到，困难在于萧条时期没有充足的购买力买清市场存货；换句话说，他们像许多年前马尔萨斯在拿破仑战争后看到有效需求不足一样。然而，在他们企图解释有效需求的不足时，他们不是完全正确的，因为他们没有充分的理论能够在我们的经济体系内决定有效需求的水平。消费不足论者通常只看到过程中的一个他们认为突出的特点，然后他们的全部方案就以纠正这个单一的和假定的失调为基础。他们未能看到整个经济体系内更为复杂的相互关系。

所有消费不足论者的主要论点是：因为国民收入的一部分被储蓄起来，对已完成的消费财货的需求不可避免地会较小，以致这些货物的存货不能出清，发生普遍的存货过剩。有人假定存货过剩和稀少会定期地出现，另有人则假定存货过剩是持续的，停滞的。他们的理论和凯恩斯经济学理论的主要区别是，他们把储蓄看作具有紧缩作用，而不管它们是否被投资所抵消，凯恩斯则仅在储蓄没有得到投资出路时，方把它看作具有紧缩作用。我们发现在大多数消费不足论的文章中，谈到消费在收入中所占比例自零至百分之百之间哪一点是适当的平衡这一问题。他们的概念和晚近朗艾(Lange)[①]的概念相似，朗艾曾提出最适宜的消费倾向问题。我们认为，最适宜的消费倾向(从表的意义解释)为与投资表相互作用能创造充分就业国民收入水平的那种倾向，而且有无穷数目的消费函数能够达到这一点。

异端者霍布森肯定是最好的消费不足论者之一，同时也是首先遵奉马尔萨斯传统者之一。霍布森对现行经济秩序不同意的主要一点是收入的分配。霍布森的论点不乏真理，他认为收入分配不均为资本主义体系最基本的缺点，这一点或许正确，虽然在决定总产量方面，这也许不是一个主要因素。他的论点大概如下：现实世界的共同经验是生产超过消费的一种趋势。这一情况的引起是因为富者能够储蓄他们特大收入的一部分并将这些储蓄投资于资本财货的建造以供生产更多的消费财货。就这样，我们积累了比之足够供给消费的有效需求更多的生产财货。作为经济节制手段的时上时下的利率和价格会引起周期的波动，使生产和就业水平时高时低。但是由于消费慢性的不足，任何繁荣都不能持久，而消费慢性的不足又由收入分配所引起。霍布森认为惟一的补救办法为收入的重分配。

霍布森的关于现存的收入分配制度鼓励储蓄的论点显然无法反驳，但我们不准备假定，在一个收入分配完全平均的社会里就不可能有过度储蓄。如果一种经济是根据理论的社会主义的原则组

① 《利率和最适宜的消费倾向》，《经济季刊》，1938年，第12页。

织的，那么可以想象，因为收入平均分配，储蓄的愿望要低得多。在这样一种经济中，不存在老年、残废和失业时的经济困难问题。此外也没有私人资本积累的机会。但是在资本主义的环境中，未来的风险继续存在，资本积累的机会也还有。即使在收入分配平均的资本主义社会中，许多人仍然会储蓄。事实上有很多的实验证据使人怀疑在美国储蓄的原因是否由于分配不均。有许多理由令人相信储蓄和我们的某些机构特别是保险公司更有密切的关系。此外，如前两章所指出，收入重分配的创造就业的效果是有限的，因为年收入在五千元以内的各阶层的边际消费倾向几乎是一样的。

霍布森对凯恩斯经济学真正的贡献是他的关于储蓄的分析和储蓄对经济活动水平影响的分析。霍布森对储蓄过程的分析颇属详尽，也很出色，但他未能很好地说明投资和它的决定因素。他认为进行储蓄主要是为了资本积累，但从没有提到如何使储蓄流入投资的问题是困难的根源。真正被投资抵消的高的储蓄率对经济体系是一个净刺激；但他暗示，这种抵消无论是在萧条时期或是繁荣时期都会引起就业不足和通货紧缩。如果他能更细致地分析投资机会稀少和丰富的理由，他也许会得到较为正确的结论。

我们觉得霍布森清楚地解释了决定储蓄表的是什么。首先，他不同意古典经济学家关于储蓄和利率明确地相关这种说法。他写道：

我称之为自动的储蓄的大部分很少会受到利率下降的影响，除非这一下降会减少总的不劳所得。某种有意识的节俭，旨在为老年或其他未来可能遇到的意外准备一确定的收入，利率的下降不仅不会压抑这种储蓄而且甚至可能刺激这种储蓄，因为利率下降后需要有更大数量的储蓄方能产生所需要的收入。①

在这一段引文中，霍布森的在今天已为人熟知的论点是，储蓄函数对利率是无弹性的，因某些储蓄对利率改变的反应会削弱其他储蓄对利率改变的反应。在他的整个著作中他都认识到，由于保险公司的增长，以及为晚年或下一代做好准备的愿望，储蓄具有制度的和自动的性质。由于他讨论到当前收入分配的影响，无疑地他把个人储蓄看作是个人收入水平的一个函数。这一个人储蓄表的概念和凯恩斯体系的总数表的概念颇为接近。

他的政策建议和凯恩斯的政策建议也有关连。他不赞成通过降低工资来取得充分就业。事实上，他反对降低工资的论点和后来凯恩斯的论点很相似。他指出由于有组织劳工的反抗而引起的制度上的障碍。但是他也知道，即使能够压制这种反抗，还存在其他困难。他说：

工资协议中"物价计酬法"(sliding-scales)的历史证明工资的弹性会使雇主对将来工资的降低抱投机心理因而加剧贸易的波动。②

因此他也是个通货膨胀论者，害怕通货紧缩的日益增加的、向下的螺旋式的影响。但是他主要对工资减低加于总工资单和收入分配的影响发生兴趣，这和他的主要论点是相一致的。他指出总工资单的动态决定于劳力需求的弹性，对于这种弹性他不准备加

① 《失业经济学》(*The Economics of Unemployment*)，纽约麦克米伦公司出版，1923年，第52页。

② 同上书，第91页。

以估计。

因为霍布森认为困难的根本原因是收入分配失当，他的改革方案是企图消除这一原因。他建议政府在支出公共信用时，尽可能使支出多用于工资支付，少用于利润、租金、利息和高工资的支付。他赞许失业救济金为一种方向正确的措施。但是他不认为失业的暂时矫正是一个充分的方案。他的真正的目标是收入的永久性的重分配，以便支出和储蓄之间能得到"适当的"调整，这样便能维持永久的繁荣。

在霍布森把收入分配不当集中地作为我们经济的基本缺点的时候，其他的消费不足论者如福斯特和卡钦斯[①]则集中攻击商业储蓄和供应资金的方法。他们也想从理论上解释为什么生产会定期地超过消费。所有消费不足论者都观察到同一市场现象——货物的供给比消费者用他们的货币收入所能购买的为多。他们想解释消费者购买力的不足，但他们没有说明购买力水平如何得以决定。他们同意霍布森关于有效需求缺乏的命题，但是他们对收入分配没有赋予同样的重要性，他们认为这仅是一个次要的因素。

这些作者的论点是以节约的两端论法为基础的。他们看到储蓄对经济进步（资本设备增长）是必需的，但是他们又认为个人或公司的储蓄会产生有效需求的不足。储蓄是必需的，但是是一种祸害；这就是他们的两端论法。他们认为继续维持有效需求有两个条件：(1)企业必须把它们的利润全部分给消费者。(2)消费者

① 见《利润》(*Profits*)，1925 年；又《没有一个买主的商业》(*Business Without a Buyer*)，1927 年。

必须将他们的收入全部用掉。如果他们所说的支出是指用于消费的支出，则他们无异于说，对社会惟一的解救是一种净投资为零而消费为百分之百的经济。然而，从凯恩斯体系的分析中并不能推论出这一结论，在这一体系中我们看见，在任何已定投资表下，都有与稳定的充分就业相一致的无数的储蓄表。

他们认为利润是资本主义背后的动机。但如果获得利润的厂储蓄一部分净收入以购买投资财货（与消费财货相对），福斯特和卡钦斯即预测会出现生产过度，意即消费者在现行价格水平上根本无法购买这一产量。他们论称，购买投资财货最终会增加消费财货的供给而需求则没有增加。他们忽视了我们经济体系中的相互关系。如果商业储蓄是用于生产财货，这些流动资金必会分配给制造生产财货的工人，而这些工人又是消费者。福斯特和卡钦斯过于强调支出发生的次序。他们的理论说，资金如不止一次地连续用于生产财货，就会造成生产过度。反之，支出必须相间地用于生产和消费。他们认为把个人储蓄用于投资和把商业储蓄用于投资一样有害，但他们的议论集中在后者，因为他们认为作为一个总数，后者要重要得多。但福斯特和卡钦斯和其他大多数消费不足论者一样陷入同一的错误之中，即他们所说的储蓄过度是指把太多的储蓄用于投资，而不是指人们愿意创造的储蓄不能全部找到投资机会。

福斯特和卡钦斯没有把经济体系看作是经常处在不景气的失业状态中，而是把它看作时而膨胀、时而紧缩，因此必须解释在经常存在某一数量的储蓄的情况下，如何还能有充分就业。他们把过去的充分就业解释成为上帝的行动、战争、浪费、永久性存货积累和商业损失的结果。我们同意这些消极项目会抵消储蓄，引起高水平的就业，但是也还有一些积极的项目抵消了储蓄，使我们的社会得到成长，并使工人保持就业。这两位作者仅看到有效需求的一部分情况。

对于这些低于充分产量的不可避免的趋势应当采取何种措施，他们很少有所建议。在反对对下跌的价格作通货紧缩的调整这一点上，他们和凯恩斯的精神是一样的。他们论称，从理论上说，在购买力既定的情况下，如果销售价格下降，过剩的生产就不是一种过剩。但是他们害怕通货紧缩的螺旋带来的祸害，它会迅速地降低可得到的收入。此外，他们在政策方面还考虑过的仅有的一点是政府财政与消费不足的关系。他们虽然没有认真地考虑政府赤字支出的后果，但他们曾暗示，跳出进退维谷之境的可能办法为政府将新创造的货币支出于消费财货上。在这一方面，他们预言了凯恩斯经济学的政策措施。

在消费不足论者的行列中有几个诚实、智慧而又真挚的先生在内。但英国的道格拉斯(C. H. Douglas)少校，这位有趣的怪人的作为降低了这一学派的科学成就。例如，霍布森就急于否认他的信念和道格拉斯有关。[①] 一个业余经济学家如何在荒谬无稽的理论基础上支持一个合理的经济政策，道格拉斯是最好的例子之一。只有引申道格拉斯理论的意义，才能把它和凯恩斯的理论相调和。但是要清楚说明的一点是，对道格拉斯少校的政策措施只能在它们最严格的经济涵义上考虑。他的运动充满了政治炸药。

---

① 见《失业经济学》，第8章。

它是战前那些有着绿衣队的装饰、进行反劳工宣传和反闪族主义(anti-Semitism)的形形色色的运动中的一个。但蛊动家有时也会作出一些重要的议论。

道格拉斯没有商业循环的消费不足理论。他的理论是关于永久的萧条特别是关于无效率的一种理论。他对富足中的贫困感到兴趣,特别着重在"富足"上。作为一个工程师,他在比较了我们现在实际的生产与潜在的产量以后,集中攻击工业的效率。他说由于我们的经济体系不能把足够的购买力分配给消费者,使消费者能够买清市场存货,我们所生产的总是远低于潜在的生产能力。

道格拉斯的消费不足论的全部理论基础是有名的 A+B 定理,这在"经济学的非科学"(economic unscience)中也是一个空前未有的东西。关于 A 和 B 的定义,道格拉斯常改变他的意见,这里只谈他最初的和最后的说明。1920 年时,[①]道格拉斯把工厂总支出分为 A 和 B 两部分。A 组包括对个人的全部支出,即工资、薪金、股息。B 组包括对其他组织的全部支出,即原料、银行费用及其他对外成本。这里 A 代表分配给消费者的购买力,A+B 代表企业家为有利地经营业务所必须付出的总费用。道格拉斯论称:购买力 A 决不能购买出产的市场价值 A+B,除非将相当于价值 B 的购买力再加分配。经济学家对这一浅薄命题的攻击是显而易见的。他们当然指出了 B 组支出不应在生产过程的每一阶段相加,否则就会有很多计算重复的地方。

---

① 《信用力和民主》(*Credit-Power and Democracy*),伦敦,1920 年,第 21 页。

产量的价值是在生产的每一阶段相加的价值，它和支出A的总数是一样的。盖茨克尔（H. T. N. Gaitskell）指出，[①]对道格拉斯的A+B（产量价值）的解释应该是零售商的支出A加零售商的支出B。整个体系的A的支付总数量显然与零售商的支出A不是同一回事情；因而没有理由说A支出总数必会小于零售商的A+B支出。事实上，除时间间隔外，它们必然相等。但道格拉斯并不到此罢休，他仅仅修改了他的支出B的定义。最后在1931年[②]他把B仅限于企业为准备金（主要是折旧）扣除的数额。凯恩斯曾正确地指出，如道格拉斯把支出B限于"……企业家所提出之折旧准备金，而现在尚未作添置修葺之用者……"，[③]或许会更正确些。如根据凯恩斯对B项定义所作的限制，则道格拉斯实际上等于说有效需求的缺乏是由于储蓄没有被投资抵消。因此把道格拉斯的话适当地编造一下，就可以看到他也预言了凯恩斯的一些理论。

道格拉斯曾建议社会信用的改善办法，以作为我们经济体系慢性病的一帖药剂。他的企图是使信用可以自由利用，信用的来源为现在的金融体系。道格拉斯对金融体系攻击最多，目的在博得群众的信从。他建议购买人每购买一次，就可获得占零售价格百分之几的信用。这不过是给予经济体系一种净通货膨胀刺激力的另一种方式。在刺激支出和抑制储蓄方面它和其他许多与凯恩

---

① 《四个货币论的异端》，见《货币问题常识》（*What Everybody Wants to Know about Money*），柯尔（G. D. H. Cole）编，纽约，1933年，第280页。

② 《警戒的民主》（*Warning Democracy*），伦敦，1931年。

③ 《通论》，第371页。

斯的分析相容的政策措施所产生的效果是一样的。可以使社会信用成为一种可行的、反周期的财政政策的一部分。

对于储蓄过程，道格拉斯的分析不及其他消费不足论者。但他曾看到储蓄数量与有效需求之间的某些基本关系。关于投资和利息理论，他没有什么建设性的贡献。

在这节关于凯恩斯体系的储蓄和投资的早期理论中，最后我们要提一提一个被人疏忽的怪人——约翰森(N. Johannsen)。他在 1908 年发表了一篇有关凯恩斯这一方面理论的完全的预言。[①]对这一作者著作的认可，在经济文献中可找到的，只有在《货币论》中有一简单的注脚和米契尔关于商业循环的早期著作中谈到。在《通论》中凯恩斯没有提到约翰森，但实际上约翰森的概念对《通论》比对《货币论》有关系得多。对经济学思想发展有兴趣的人，应仔细研究一下这位杰出的业余经济学家的思想。

约翰森想知道为什么会发生危机，更重要的他想知道为什么在这种危机发生后会有长期的萧条。他承认某些流行的理论可以解释周期的向上转折点，但从不能解释周期的凹点，特别是深广持久的凹点。他仅想分析萧条为什么会发生，而没有提出作为医治办法的经济政策。他的分析是从这一概念开始的：繁荣和高水平的投资紧密相关。[②] 他很敏锐地注意到，在世界上的萧条国家中，除资本财货的更新外很少有投资。他对经济过程的观点是，投资基金来自储蓄，只要储蓄能投资于新建设及企业，它们就能为工人

① 《关于危机问题被忽视的一点》，纽约银行出版公司出版，1908 年。

② 他没有谈到投资，而是谈到新建设和生产资本或财富的创造。

提供收入和就业机会。商业活动通过"乘数原理"在整个经济体系的扩展能创造具有高水平投资的高水平繁荣。但是他观察到,当储蓄没有用于投资时,萧条即随之而来,因此他转而注意解释当储蓄未被投资抵消时所产生的情况。约翰森所说的储蓄与投资的意义大略与凯恩斯相同,但他从没有精确地为他的名词下定义。不过,约翰森的读者必须仔细注意,他所指的重置投资与净投资有别,同时他没有把负储蓄(dis-savings)算作会抵消正数储蓄的负数储蓄(negative savings)。如果我们理解他所用的名词的意义,则把它们和凯恩斯的名词相比较就没有问题。

被他认为论据不充分而不接受的一个商业循环理论是资金缺乏理论。这一理论认为繁荣之所以终结乃因对新投资不能餍足的需求将货币市场的储蓄资金吸取殆尽。约翰森论称,这一理论无法解释持续的萧条,因为在商业循环的向下阶段中,投资机会对货币市场的资金并没有压力。他所反对的理论与二十世纪三十年代的非凯恩斯理论相似,这种理论即所谓投资过度理论,此种理论将繁荣之终止归咎于资本之短缺。他在实际世界中看到,当萧条出现时,货币市场上可投资的资金过剩,在进行中的投资活动也很少。他企图用投资机会缺乏来解释这一现象。他认为在繁荣时,投资已进行到一定的程度,使资本积累的需求在某一时间内得到满足。随着资本数量的大大增长,投资报酬开始下降,企业家对未来投资报酬预期很差。因此他指出,人们虽继续储蓄,但储蓄得不到投资机会。这些储蓄的结果如何?

为回答这一问题,他发展了一个减损储蓄(impair savings)的观念。因为在萧条时资本积累停止或下降,仍在继续进行的储蓄仅能用于不至扩大资本数量的投资上。他称这种投资为减损投资(impair investments)。被减损投资抵消的减损储蓄不包括在凯恩斯的净储蓄和投资的定义内。用凯恩斯的术语来说明约翰森的论点有如下述:在经过一个资本迅速积累的阶段后,投资机会开始下降。但是,有能力储蓄的人仍继续从他们下降的收入中进行储蓄。但因投资出路之减少比之继续不断的储蓄要快得多,储蓄不能用于投资。反之,这些储蓄乃被用以从经济体系中的他人手中购买现有资产或向他人贷放款项。大体上说,约翰森的减损储蓄没有被资本的扩充所抵消。要是他把负储蓄算作负数储蓄,他一定会得到总净储蓄等于总净投资这一代数学的结论。关于约翰森观念饶有兴味的一点是,这些观念集中注意储蓄的抵消问题以及这种抵消是否充裕与商业循环的关系问题。无疑,约翰森是凯恩斯革命的主要论点的最不含糊的预言者之一。

现再仔细考察约翰森提出的某些具体论点。首先,他有一个明确的储蓄表的概念。事实上,他运用了储蓄等于收入的七分之一的那种形式的表。不过,这一表利用了他的关于储蓄的定义。如果我们把他的储蓄定义解释为凯恩斯的净储蓄,我们所得到的是较小的储蓄倾向。他没有把他的储蓄函数直接和乘数理论相联系,但他的乘数及其反数——边际储蓄倾向的量次(order of magnitude)并不是没有关系。他估计投资减少十亿(即同一数量的减损投资)会使收入减少五十亿。从储蓄表来看,他的乘数大于七。但在他算出他的乘数的相续的几周之后,他就不知所为,仅作出约略的估计。他仅看见乘数的大略原则,对它的形式则一无所知。最初,他给人的印象是“乘数原则”仅在一个方向——向下的方向起作用，但后来在书中又指出诱导效应也在向上的方向起作用。他最初说：

> 十亿元的储蓄，如投资于建立新资本，会使国家财富增加十亿元。
>
> 十亿元的储蓄，如投资于"减损的方式"，则不会扩大国家的财富，根据以上计算，会减少社会收入达五十亿元之多。[①]

这两个命题中的第一个是不准确的，但约翰森后来在分析循环的向上阶段时，没有使用它。

他批判那些以资本有无限扩充机会的假设作为基础的理论。他常预言，在一有投资机会的时候，总会有充足的储蓄供给必需的资金。他对我们投资机会情况的预言稍嫌不够成熟。他在1908年认为过去在美国和德国出现的特别的投资机会不可能持续长久。他当时没有预料到不久以后出现的二十世纪二十年代的汽车和住房大扩充。[②] 不过，如果他对英国作同样的预言，他就会更正确一些。当然，他所想解释的长期的萧条在时间上很可能少于十年；同时，也可能他把投资机会看成是一种继续的、摆动的型式。

约翰森认为，中国的储蓄倾向高于法国，然而中国却远不及法国繁荣。他对这一情况的解释是，中国的储蓄，性质是不健康的，因为他们找不到投资出路。他说，储蓄抵消的缺乏造成群众贫穷、失业、贸易的呆滞和永久的萧条。反之，法国在海外有有利的投资机会可以抵消国内的储蓄。这就是法国经济情况较为优越的原因。他说如果中国储蓄得少些，投资得多些，国家会变得更繁

---

① 《关于危机问题被忽视的一点》，第46页。

② 也不妨说，繁荣之所以能一直持续到二十世纪二十年代是因第一次世界大战的意外发生。这样一种论点就意味着约翰森对萧条的预言并非不够成熟。

荣些。

在《货币论》中，凯恩斯轻率地排斥约翰森的著作。他说较低的利率常可使可供利用的储蓄转入投资，这是一个约翰森所忽略的过程。这对于约翰森关于储蓄投资问题的杰出论述是一个不大公正、不大正确的批评。

货币的利息理论

凯恩斯体系的其他基本理论在旧文献中不容易看到。仅知凯恩斯和盖赛尔(Gesell)之间有一脉相通之处。《通论》对盖赛尔颇为称许，而盖赛尔则对蒲鲁东这位和马克思同时代的人深为赞赏。在前引书中，迪拉德非常仔细地探索了从蒲鲁东到盖赛尔到凯恩斯之间思想的联系。在下文中我们将利用迪拉德的杰出的著作。

就理论经济学而论，这三位著作家间的主要联系在货币和利息理论方面。这两位凯恩斯理论的前行者没有决定产量和就业的理论。他们没有看到储蓄和投资方程式的重要。但三位著作家对资本主义作了惊人地相似的评价。迪拉德称蒲鲁东和盖赛尔为反马克思主义传统的社会主义者。的确，蒲鲁东乃以和马克思相争论而得名。反马克思的社会主义的主题是对食利阶级的收入如货币的利息和土地的租金进行攻击。蒲鲁东和盖赛尔赞扬有创造性的企业家而谴责食利阶级。他们不要一个没有生产资料的私有权的集体主义社会，他们要的是在资本主义范围内进行的纯粹的货币改革和土地改革。这种对社会经济环境的评价与凯恩斯的看法很相接近。凯恩斯也反对食利阶级，他的这种态度使他在著作中一贯赞成通货膨胀而反对通货紧缩。凯恩斯也常把促使资本发展的企业家看作是我们经济的原动力。在他们三人的著作中,无痛苦地消灭食利阶级的学说是他们整个学说的一部分。

蒲鲁东在法国1848年革命前后这一时期居住在法国。在革命前的几年中,法兰西银行是法国最重要的金融机构。占主要地位的小规模业主难以获得银行信用。这一金融状况促使蒲鲁东提出医治当时经济弊病的建议。他认为以他的改革过的交换银行替代法兰西银行并将利率降至零(或近于零),则需求能够吸清全部生产出来的货物。交换银行的目的是使交换票据普遍流通。生产者对消费者开出票据,由消费者承兑,然后生产者持票据向银行按极低微的利率贴现。[①] 银行再以自己的票据替代生产者的票据,银行票据按面值流通,不能兑换硬币。蒲鲁东的银行乃通过充裕货币和信用供应的办法来保证充分就业。他的方案是一个纯货币改革的方案,经济体系中储蓄和投资关系方面许多重要问题都没有接触到。

蒲鲁东视利息为一种纯货币现象,认为利率水平主要取决于货币基金的可能供给。他具有灵活偏好利息理论概念的萌芽,但他没有获得一个完整的利息理论。他的理论认为利息是必须付给流动资金持有人的一种报酬,以使他们愿将货币脱手,而该项货币得以用于生产。他没有考虑能够决定流动偏好的心理和机构因素,但他看到必须通过利率对不同的经济对象进行资金分配。

像凯恩斯理论的其他先行者一样,蒲鲁东和凯恩斯的理论也

---

① 最初可将利率订得较高,使足以抵补手续费。

有不相一致之处。这种不一致的产生乃因没有人预述过一套完整的相互关连的理论，他们只谈到个别的基本理论。蒲鲁东与凯恩斯经济学的不一致之处在于他支持减低工资以增加就业水平的政策。必须记住蒲鲁东没有就业理论，只有利息理论的初步原理。他提出了支持工资减低的有名的古典论点。在信用数量既定的情况下，工资水平较低，可以作更多的交易。不过，如果蒲鲁东和他的反食利阶级态度完全前后一致，则为了减轻失业，他当会支持通货膨胀的办法而支持减低工资的办法。在这一方面，关键性的一点或许是因为蒲鲁东不是有组织的劳工的坚定的支持者。他一贯反对罢工和工会。

蒲鲁东的著作对盖赛尔是一种启发，但盖赛尔在蒲鲁东提出的概念之外发展了许多创见。

盖赛尔利息理论的基础是货物和货币之间的物质差别，对于这种不公平的差别盖赛尔很动感情。他说：

组成市场供给的货物会腐烂、失重和变质，与新鲜货物比较，其价格不断降低。铁锈、潮湿、腐烂、寒冷、破裂、老鼠、蠹虫、苍蝇、蜘蛛、灰尘、风、闪电、冰雹、地震、时疫、意外、水灾、盗窃等继续不断和成功地向货物的数量和质量作战……。①

相反的，如我们所已指出的那样，需求不会受到这种强制。它是由黄金组成，黄金为一种贵重金属，在世上的产品中，占有特殊的地位。黄金几乎可以看作是一种闯进地球的外来的东西，它成功地抵抗住了所有自然界的破坏力量。②

① 《自然经济秩序》(*The Natural Economic Order*)，1934(?)年，第93页。

② 同上书，第95页。

从这两段引文中，我们发现盖赛尔利息理论的要素——货币作为价值贮藏手段的特性。货币可以闲置，不致引起物质上的变质；因此盖赛尔认为货币持有者对货币的使用可以要求报酬。如借款人拒绝付给报酬，则贮钱人没有理由贷借货币，因货币保持在手无变质之虞。但货物则不能无限期地保持而不丧失其价值（像酒这种病理学情况为一例外）。货物持有人只有非常乐于贷出他们的货物，在将来收回同样数量的没有损坏的货物，盖赛尔称这种借贷人偿还同样数量货物的情况是利率为零的偿还。不过，贷放人所收回的比他自己保持货物的情况下所拥有的为多。不变质的报酬实际上是否为利息是一个真正的问题。

无论如何，盖赛尔认为货币仅应作为交易中介而不应作为价值贮藏手段。他的论点是以比较物物交换经济和货币经济间的重要差别为基础。他说在物物交换经济中，货物与货物按面值交换，没有利息费用，但恒能获得充分就业。将货币介绍到经济体系中来的惟一理由是便于维持经济中有效率的劳动分工。他确把货币看作是一层"面纱"。虽然他知道，世人的行为方式并不是如此。货币不仅仅是一层面纱。因此，他攻击货币制度，由于货币的可贮藏性质，使人能利用货币赚取利息。他把产量和就业的波动归咎于我们经济体系中货币的弊病。

盖赛尔的有力论点当然是利息理论和货币。但他对于储蓄和投资也有某种概念。他没有看到储蓄和投资问题，但他的某些论点值得考虑。他曾说：

利息对储蓄人无疑是一种特别的吸引物。但这种特别的吸引物是不必要的，因为即使没有利息，储蓄的冲动还是很强的。……从二百元中储蓄五元比从一百元中储蓄五元容易。如果一个有一百元工资的人，部分地因为利息的刺激，为他自己和小孩的利益节衣缩食十元，则在有二百元工资时，由于储蓄的自然冲动，他纵使不储蓄一百一十元，最少也会比十元多得多。

在自然界没有利息的刺激，但储蓄是普遍现象。蜜蜂和土拨鼠都储蓄，虽然它们的储蓄没有给它们带来利息，只给它们带来敌人。原始人不知利息为何物，但也储蓄。为什么文明人就应有所不同呢？①

这清楚地表明盖赛尔把储蓄和收入水平相联系而不是和利率相联系。但他把投资更密切地和利率相联系。他视投资为储蓄的处理。他写道：

除非有人应允出利息，否则没有人会愿意将货币储蓄脱手，而使用人在投资后，如不能获得至少和使用储蓄须付出的利息一样多的利息，则无法对储蓄人付出利息。②

如果要投资人将储蓄资金脱手，他们必须从投资中得到报酬，而借款人必须从投资的运用中获得报偿，该项报偿应高于利息费用。这是上段引文的中心大意。但盖赛尔从没有把我们的经济困难归咎于储蓄和投资之间的缺乏平衡，他仅把这归咎于因利息费用现象而引起的储蓄和投资之间的缺乏平衡。他从没有达到问题的中心——关于有效需求的决定因素问题。

虽然盖赛尔早在发展利息理论之前就已经发展并发表了他的经济控制改革方案，但在逻辑上他的政策方案可从他的理论引申出来。另一方面，盖赛尔或许像凯恩斯一样，乃从观察他当时的现实世界和从实际经济政策中发展出他的理论结构。他的改革方案

① 《自然经济秩序》，第252—253页。

② 同上书，第114页。

很自然地是随他的关于货物和货币特性的讨论而来的。他想把货币降到货物的地位,即迫使货币也会变质,以使持有货币无利,不能勒索利息。他的计划是采用一种贴印花的货币(stamped money)。他建议一种单一形态的法币,不能兑换硬币,需要定期贴印花以保持货币的面值。如果每一元须定期贴印花每年五六分,则持有货币全然无利。人们将宁愿支出货币持有货物。他认为他可以通过严格控制法币的发行以控制价格水平(控制在一个稳定的数字上)并可以加速收入的支出,防止贮钱。他认为通过这些基本的改革,我们的经济问题可以解决。盖赛尔说的很好,包含了一些真理,但是他谈得不够深。他应当分析贴印花货币对消费、储蓄、投资和收入的影响。他全神贯注于价格和利息问题而不贯注于就业和收入问题。贴印花货币或许有益于消费支出和投资支出,从而创造较高水平的收入,但盖赛尔并没有重视这个问题。

在这章结尾时,我们想指出这一点,即学院派经济学家常常忽视"空想家",特别是货币改革者。约翰森、福斯特、卡钦斯、霍布森和盖赛尔在我们的时代里都能作出很出色的贡献,但是得不到听众。希望今后经济学家能以同情的态度听听具有较大的经济直觉的人的意见。

第六章　萧条经济学？

常有人非难凯恩斯经济学是萧条情况的经济学。但是，凯恩斯的分析方法不只是应用于灾难惨重的三十年代才会产生有用的结果。在最近的战争和战后时期中，甚至在未来的年代中，我们都可以看到这一新的方法的应用会产生结果。如因凯恩斯体系未能预示悲观的结果便认为它失败，实是一种错误。悲观主义不是这一体系所固有的；反之，这一体系背后的决定因素使它能运用于悲观的环境也能运用于乐观的环境，视当前经济的和非经济的生活情况而定。这就是说，凯恩斯经济学体系本质上犹如一架机器，看控制这一体系的几个针盘安置在什么地方就能碾出什么样的产品。函数关系是这一机器的构成部件，而针盘是这些函数的参数（水平和形状）。针盘的安置是由银行体系、政府、消费者的心理、投资者的态度、技术家的成就等所决定的。如果因针盘老是安放在悲观的水平便责怪机器，这是不是正确？如果机器是现实世界体系的行为方式的一个真正的模型，则因其他因素把针盘安放在一个特殊水平上而批评机器是没有理由的。如果我们能考虑商业循环每一阶段所包含的正确的关系结构，则运用凯恩斯的分析解释商业循环的一个阶段正和解释任何其他阶段一样容易。如果在我们时代的条件下，凯恩斯体系的均衡答案不是一个充分就业的答案，那么我们应当认识这一事实，并设法加以补救。

在将来，我们也许能获得一个不断改变的经济模型结构。用不着重大的修正，就可以把这一点纳入理论之中。我们没有理由只运用永恒不变的函数关系。移动的均衡和动态地变化的关系也可以从机器中产生出来。凯恩斯革命的原则无须抛弃；而且还应当使这些原则变得更其精细并进一步加以扩展，以便掌握更为复杂的情况。

无论如何，我们必须理解，凯恩斯经济学不仅承认充分就业或就业过度的方程式的恰当的答案，而且也承认无数的就业不足为方程式的恰当的答案。

通货膨胀间隙

反对把凯恩斯经济学归类为萧条经济学的论点非常明显，因此对这种责难除一笑置之外别无他法，但另一方则从未被说服。然而，空谈无补，实验方知，实际世界的例子可以断定是非。我们所用的例子是一个很好的选择，因为它使得凯恩斯经济学结论的分析很合乎今日的情况，表明自《通论》以后成就的扩展。

在战争时期中我们不曾担心会立即发生通货紧缩。我们当时生活在一个根本没有萧条经济学影子的时期。我们以前从来没有经历过这样高水平的产量和就业。很奇怪的是，在这样一个通货膨胀间隙中我们并没有抛弃凯恩斯体系。这一萧条经济学体系对我们有什么用处？这一节的目的，就是要利用某些卓越的经济学家在通货紧缩时期以外的其他时期所弃而不用的工具来分析这一间隙问题。

这种通货膨胀间隙问题的讨论本来并没有引起很大的注意，直到1941年4月英国财政大臣在预算演说中引用了这一名词方始引起人们注意。约在这之前一年，凯恩斯写了他的有名的小册子《如何筹措战费》(*How to Pay for the War*)[①]，在这本小册子中他以和后来的"间隙学派"(gapists)差不多同样的态度谈到通货膨胀问题。他根据国民生产、战费支出、总消费，清楚地说明了通货膨胀问题。

他用了大概的数字说明这一问题如下：英国收入年率为六十亿英镑，赋税为十四亿英镑，减去后个人尚有支出力四十六亿英镑。政府支出包括转账项目在内为二十七亿五千万英镑，尚余公众消费三十二亿五千万英镑。通货膨胀情况的发生乃因公众有购买力四十六亿英镑，可以购买在通货膨胀前价值三十二亿五千万英镑的货物。我们当然知道，人们并不把收入全部支出于消费财货。根据现存的消费函数，相应于可以使用的四十六亿英镑收入，人们消费和储蓄多少，有一肯定的数字。只有在可以自由使用的四十六亿英镑中储蓄适为十三亿五千万英镑时，才不会有通货膨胀间隙。为说明起见，凯恩斯假定储蓄为七亿英镑，这就意味着有三十九亿英镑可以购买实际价值三十二亿五千万英镑的货物。差额六亿五千万英镑可以看作是通货膨胀间隙的特别定义。消费函数和政府战费水平相互影响决定收入水平。因此通货膨胀间隙就是人们从收入中愿意用于消费的数额和在通货膨胀前的价格上可

---

① 《如何筹措战费》，纽约哈考特·布瑞斯公司出版，1940年。

供消费的数额二者间的差额。

财政大臣对这一间隙下的定义是："在政府的支出中，有一部分数额没有社会成员投放的真实人力或物质资源与之相应，这一数额即是通货膨胀间隙。"[①]这一间隙的充分的衡量并不是预期的政府支出和赋税收入间的简单差额。支出和税收之间的差额是由以下各项目填补的：在海外销售的证券、私人或公司的真正储蓄、政府的额外预算收入等。但虽有这些项目可以弥补，在政府为从事战争所欲获得的收入和人民在当前价格水平上所愿放弃的数额之间仍不平衡。政府常有办法得到其所需之物资，而人民只能消费剩余下来的物资，但重要的问题是分析政府用什么方法能获得人民在当前价格水平上不愿放弃的物资。达到这一目的有好的方法，也有坏的方法。在战争时期，我们特别需要避免通过提高价格的办法来获得物资。

凯恩斯在《如何筹措战费》所举的例子中，说明通过提高价格会产生怎样的过程。在他的例子中，将价格提高百分之二十，就可以使可供应的货物价值达到拟用于这些货物的购买力的数额，即三十九亿英镑。但价格的上升会使货物销售人得到六亿五千万英镑的意外所得而增加收入。第二年在开始时，收入川流中就有六亿五千万英镑的增加数，如果所有其他数字比照增加，我们就会面临另一间隙。但是凯恩斯指出意外所得六亿五千万英镑可能由政府通过超额利润税取去。在这种情况下，对经济体系会有种反通货膨胀的压力。

① 《第一个战时预算》，《经济学家》(*Economist*)，第 140 卷，1941 年，第 475 页。

因此在赋税表已定的情况下，价格上升和志愿储蓄是政府借以满足它对国民生产的需求的两个可供选择的办法。

我们可以很方便地想到两个很重要的国民收入水平，一为充分就业水平，一为瓶颈水平。凡是愿意在现行工资率下工作的人都能找到工作时我们就达到了充分就业水平。当工厂生产能力完全有限，所有货币国民收入的增加都变成价格的增加时，我们就达到了瓶颈点。充分就业不一定总是发生在瓶颈点之前；这大部分取决于资本设备情况。完全可以想象，一次严重的萧条会大大贬低资本额的价值，使工厂生产能力受到限制，远低于充分就业水平。凯恩斯在战争初期，担心瓶颈点会过早地来临。[①] 偏巧在美国，我们达到了充分就业，并吸收新工人参加劳动队伍从而继续扩大生产。我们战时货币收入的增加远超过价格的上升。

我们虽然没有达到瓶颈点，但很接近于这一点。为了分析的简便，我们不妨假定生产不能再加扩充，这样货币国民收入的增加就代表价格的上升。我们可以这样说：由于货币国民收入的增加代表事实上的价格上升，因此根据我们战时生产水平，在瓶颈点附近稳定货币收入的政策是一种符合公众利益的反通货膨胀办法。

以此为背景，就很容易回头运用我们熟悉的凯恩斯理论对通货膨胀间隙问题作出分析。

在战争时期，私人投资决定实际上已不起作用。在一个全面战争经济中，收入代表私人消费加政府战费支出之和。后一组成

① 《如何筹措战费》，第 19 页。

成分完全是独立的，它的大小全然决定于国会拨款预算。这一情况的简单凯恩斯模型为：

消费决定于纳税后的收入。①

消费加独立的战费支出＝纳税前的收入。②

从这一模型中，我们可发现收入的某一价值，如 Y_0，我们把它作为基础数量。这一货币收入川流确定了某一价格水平，因为在我们生产力全部运用下的产量是已定的。其次假定战费支出增加了某一肯定的数额(在战时不可避免会发生这种情况)。在这一新的情况下，从模型中我们可得到一不同的和更高的收入价值，我们称之为 Y_1。然而，战时财政政策的任务是阻止 Y_0 上升到 Y_1。如果在我们的假定下，要避免任何价格的增加，我们必须设法使所产生的收入水平不大于 Y_0。对于战费支出，我们显然无能为力。因此我们仅有的希望是影响消费函数——战时财政任务即在此。在基础价格上有一可供消费者利用的数额，此一数额等于基础数量收入减原来的战费支出再减增加的战费支出。在新条件下产生的收入水平上，人们会根据现行消费函数消费。但这种消费必定比基础价格上可能有的数额为大。财政政策必须设法消除这两个数字间的间隙。用图可以清楚地说明这一情况，如图 9。

---

① 税收决定于国会的行动，因此也是独立的。国会规定的实际上是税率而不是税收水平。我们不妨在我们的模型上加上另一关系，即赋税收入与总收入的关系，但这一关系的参数完全在国会掌握之中，国会可以通过适当地改变税率使税收下降至任何它所希望的水平。

② 我们还可以把这一模型写为：储蓄(决定于纳税后的收入)＝独立决定的战费支出。

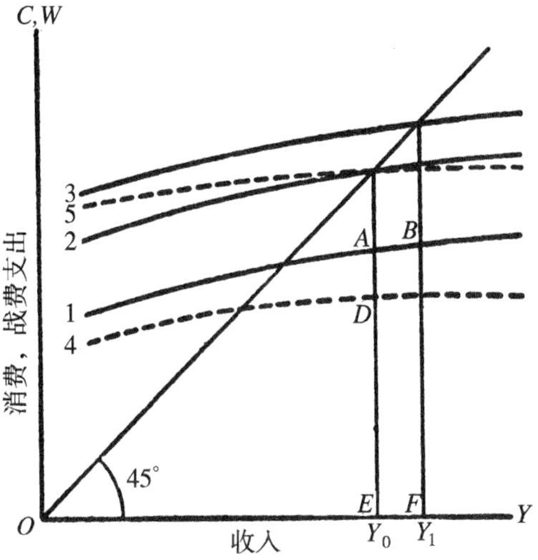

图 9

在开始的地位上，曲线1代表消费函数，曲线2代表消费函数加战费支出。确定的收入为 Y_0。在加上战费支出后，移动到曲线3，其距离为一常数。在第一种情况中，消费者支出总数等于AE；在第二种情况中，消费者支出总数为BF。如果价格不上升，即消费函数必须降低（不必是平行的移动）以便在将政府支出加上去时，总数会与45°线在 $Y=Y_0$ 点交叉。曲线4和5表示消费函数移动后可能产生的结果。有无数的移动可以适合这一情况，但有一项要求必须满足，即曲线5与45°线在 $Y=Y_0$ 时交叉。不论消费表如何变动，所消费的货物及劳务的新数量必须为DE，为满足我们的基本要求，这对任何变动都是一样。B与D两点间的垂直距离为我们在这种情况下所遇到的通货膨胀间隙。在原来价格上可能得到的消费财货总数恰等于DE，但没有受到限制的消费者的活动会使计划的支出等于BF,与收入水平Y_1相适应。

通货膨胀间隙有一种变形,其大小和为消除这种间隙所必需的赋税数额相等。但这是一个颇含糊的概念。我们曾运用过消费函数,其中收入减赋税为独立的变数。这种函数属于某种赋税表。在每种特殊的税制下,有一可能的消费函数。如果改变赋税以增加收入弥补政府的支出,就会出现新的消费函数。为填补间隙所必需的税制的改变是:这种改变会促使消费函数下降,使曲线5在适当点上与45°线交叉。能达到这一结果的税制的改变是没有限制的。但是不论怎样改变,如要避免价格上升,改变的结果必须能在可观察的收入水平上吸收掉某一恰好数量的购买力。

以上整个分析中有用的一点是,它完全是可以运算的。我们所必须知道的就是消费函数方程式、可能还有赋税函数。政府的战费支出是事先宣布的,因此对于这一重要项目,其数字可以预料。但在应用于有关战争的实际问题时,我们必须是一个细心的统计家,同时忠于现实。在美国,产量从未完全达到它的最高限度。当产量仍可在有限的程度上扩大时,我们所想避免的间隙会稍有不同。

如果我们考虑到产量仍然是可以扩大的,同时可允许价格有少许的增加,这个问题并不会有多大的改变。在这一新的情况中,可允许货币国民收入比基期稍有增加,改变消费函数的政策仍应实行,但在较小的程度上实行。因政府战费支出增加而引起的货币国民收入之增加可以分为三部分。第一部分为由于物质产量扩大而引起的增加;第二部分增加则因可允许的价格上升而引起;第三部分则因非意愿的价格上升而引起,这一部分应该避免。如果基年收入、预期的物质产量的扩大以及希望能维持稳定的价格水平三者都属已定，我们就可以计算货币国民收入的正确水平，这一水平在上图的 Y_0 和 Y_1 的价值之间。应运用财政政策改变消费函数，使这一函数加所述战费支出水平与 45°线在 Y_0 与 Y_1 之间的特别的国民收入水平上交叉。以下两纵坐标间的差额将决定间隙：在 Y_1 点上到旧消费函数的纵坐标 BF，和在 Y_0 与 Y_1 之间的 Y 值上到新消费函数的纵坐标。

在战时，我们通过定量分配、价格管理、赋税和志愿储蓄来填补价格稍有上升的通货膨胀间隙。所有这些方法都是用来充分地压抑消费函数水平，使我们能有条不紊地填补间隙。配给限制了可供消费货物的种类和数量；价格管理限制了可支出于供应减少的货物上的金额；赋税限制了可处理的收入；战时公债的推销会增加我们储蓄的倾向。这些措施的总的影响可从图 10 看出来。

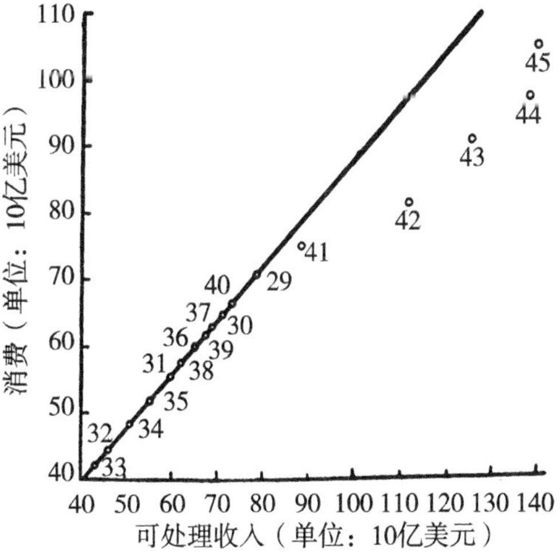

图　10

横轴衡量美国自 1929 年以来可处理的收入的实际水平，纵轴衡量与每一可处理的收入水平相应的实际消费水平。从 1929 年至 1940 年，各点均落在一平滑的线上；这是这个国家在和平年代的统计消费表。在每一可处理的收入的水平上，都有一相应的消费水平，大致都是沿着一条线。然而自 1941 年起我们开始转向战时经济，消费即落在此线之下。自 1941 年至 1945 年，我们得到一个新的消费函数，它远低于和平时期的正常关系。这正是图 9 中所发展的理论关系。

不过，还有几点关于通货膨胀的重要方面没有在以上几节的分析中揭示出来。通货膨胀现象是非常动态的，我们的比较静态的方法隐藏了过程的许多重要方面。从变动的静态表的分析中我们没有了解通货膨胀的速度问题。在预期占非常重要地位的情况中，漠视动态的影响是不可能的。价格上升愈快，就愈可能使人预期价格会进一步上升，价格的上升也就愈可能成为一种不可抗拒的积累的过程。只有使凯恩斯体系动态化，才能说明通货膨胀的速度问题。使这一体系动态化的最简单的方法为引用以下这些方面的重要时间间隔：如收入的收进与付出，工资比照价格进行调整等。凯恩斯在《如何筹措战费》中很敏锐地看到时间间隔对体系的影响。他把时间间隔看作有如留备急用的钱，它会成为一种稳定因素。他说：

> 正是这些时间间隔和其他阻碍物对局面有所补救。战争不会永远继续下去。①

---

① 《如何筹措战费》，第 66 页。

先有库普曼斯(T. Koopmans)[1]后来又有史密西斯(A. Smithies)[2]把关于间隔的影响的概念加以形式化,并从特殊的模型中发展出了每一单位时间内价格增加率和重大的间隔之间的精确关系。从库普曼斯的文章中可以看到,就一般情况而言,相对的价格增加率是一个分数,它的分子是政府的支出,分母则包括边际消费倾向、收入和时间间隔等项。他的支出间隔和工资调整间隔愈大,分母就愈大,通货膨胀的速度就愈小。库普曼斯的方法是前述程序的归纳,它使变动的均衡动态化了。史密西斯用他自己的方法也得到相同的结果,他发现在他的体系中增加间隔会减慢通货膨胀的过程。

间隙分析的另一缺陷是,它主要地谈到收入、战时支出、消费和储蓄的当前流量。然而,由于对未来价格会进一步上升的预期,通货膨胀会很快地扩及整个体系,我们不仅要考虑当前出产的价格,而且要考虑以前所生产现仍在市场交易的存货的价格。在体系中,某种决非属于当前生产的货物的价格也许会危险地上升。同时,超过按基价计算的可供应的货物数量的支出也许不仅来自当前的收入川流,也可能来自作为以前时期收入的一部分的闲置余额。第一次世界大战时期的经济学家把他们的通货膨胀分析集中在现金余额数量的增长上面并非完全错误。因为现金余额对于可能用于有限货物的支出数量会有某些影响。事实上,甚至是第二次世界大战时的凯恩斯学派也认识到由于公众手中有巨额的流

① 《通货膨胀的动力学》,《经济统计学评论》,第24卷,1942年,第53页。

② 《在通货膨胀条件下货币国民收入的动态》,《经济季刊》,第57卷,1942年,第113页。

动资金，战后存在着潜在的通货膨胀危险。我们每年可能储蓄一部分收入，其数量恰足以使间隔不会引起如脱缰之马的通货膨胀，但这些储蓄也可能积累起来作为未来支出者的流动资金。通货膨胀虽可能在若干年间受到抑止，但这并不能保证积累的资金不会在产量尚未充分扩大到足以抵制螺旋式的价格上升时，忽然一朝集中用在市场上。间隔完全与流量概念相关，但是储存数量概念的影响也不能排除。

当然，可以把经济体系内部的许多间隙计算出来；例如耐用消费品间隙，钢铁间隙，牛油间隙等，所有这些间隙都根据对这些货物的预期支出与按稳定价格衡量的货物可供应数量二者之间的差额计算。不过，在计算时，大多都以粗略的总数为根据，因为我们对于支出与收入的关系了解得更多一些。计算总数的方法可能会隐蔽某些重要的价格增加。尽管一般价格水平可能不变，在经济中的某些特别瓶颈上价格也许会增加致使通货膨胀露头。不过，计算总数的方法有可取之处，在第二次世界大战中工人与雇主都令人惊奇地紧密追随一般价格水平。如果讨价还价都保持在"小钢铁公式"(Little Steel Formula)范围内，则运用消费函数、战费支出和国民收入等的总数不能说是不正确。

温习一下第一次世界大战时经济学家对通货膨胀问题的著作就足以使人相信在通货膨胀经济学这一主题上已经发生了一个革命。在那时，还没有一个分析像今天的间隙分析那样，能真正根据预期支出与在已定价格水平上可能供应的货物这两个数量来掌握这一问题。

那一时期大多数文献都从货币数量、证券市场情况和利率水平来谈战时财政和通货膨胀的问题。似乎很少有人反对下面这一命题：价格之所以上升乃由于货币流通数量的增加或黄金数量的改变。数量理论的解释当时正流行。

我们也许会想，从关于利用税收还是借款作为战时财政方法的杰出的讨论中应可得出某些和当前讨论中所得出的相同的结论。但是争论没有考虑赋税与借款对私人支出率与可能供应的产量的关系各会有何影响，而是着重考虑这二者对未来世代各会留下何种负担。这两种方法对于解决迫在眉睫的通货膨胀问题的相对功效或是可能性如何？这一点没有充分考虑到。

当前流行的论点与1914—1920年间的较为古典的方法之间存在着很大的差异，这一差异产生的主要原因是，从凯恩斯经济学中我们今天认识到在决定国民收入时，独立的战费支出与消费函数会相互影响。

第七章　凯恩斯和社会改革

在过去几年中涌现出来了不少的年轻经济学家，他们接受了凯恩斯革命的理论学说，并因支持充分就业的经济政策而在国内显露头角。公众对于这些经济学家的政策措施比对他们的理论较为熟悉，特别是因为凯恩斯经济学的反对者大量地散播了对于这些理论的混乱的解释。以上各章主要阐述了这一经济思想体系的历史发展。本章拟谈谈这一新理论与我们实际经济生活的关系，作为本书的结束。

凯恩斯的社会哲学

在第一章中我们曾指出凯恩斯在《和约的经济后果》一书中曾称颂过第一次世界大战以前资本主义的发展。在此书中凯恩斯认为除了某些人为的障碍外，资本主义体系是圆滑运行的。他企图为资本主义发展中所固有的财富分配不均辩解。他说十九世纪的情况需要有大量的个人储蓄以支持迅速的资本积累率，认为为维持较高的储蓄水平以供给对资本的大量需要，财富分配的不均是必要的。但是，他却以下面这些话作为他的《通论》的结束：

因之从我们的讨论中可以得到这样的结论：在当代情形之下，财富的增长不仅不像普通所想象的那样，有赖于富人的节约，反之，恐反因此种节约而受到阻碍。故主张社会上应当有财富之绝大不均者，其主要理由之一已不能成立。[①]

失业问题对当代经济生活发生了莫大影响，使经济学家不得不重新通盘考虑他们的社会哲学。和十九世纪资本主义情况相适应的哲学在今日已经绝对不合时宜了。

凯恩斯为何如此着重失业问题？这虽然不是惟一的经济问题，但肯定是最重要的问题之一。在两次战争中间的一段时期中，困扰世界的主要社会祸害，失业问题为其根源。例如，凯恩斯认为充分就业会促进和平。他理解到，国内的失业会使资本主义国家采取以邻为壑的政策，牺牲其他国家以改善本国的就业情况。资本主义国家间争夺市场的竞争绝不会带来和平，只会带来武装冲突。

从凯恩斯的观点看来，第一次世界大战前存在的经济体系适当地解决了资源分配问题；它所不能解决的仅是失业问题。这样，抵抗最小的一种办法显然就是改进就业情况而维持资本主义分配经济资源的市场机构不变。因此凯恩斯的办法显然就是改良资本主义使充分就业得以维持。从这一点出发，资本主义体系中任何无碍于获得充分就业的特点都可以保留。

失业之所以是一种危险的社会祸害还有其他原因在。除了凯恩斯的为达到充分就业对资本主义进行自由改革的方案外，还可以有其他方法。

① 《通论》，第373页。

煽动家正在从大量失业的情况中得到好处。失业工人的心理是，只要许以工作，他们就愿意倾听任何危险的论点。在社会生活中，很少有比被迫赋闲和禁绝消费更令人沮丧的了。如果法西斯煽动家许以工作，则即使是制造子弹的工作，失业工人也会随之而去。德国纳粹在失业和经济失调时期得势并非偶然。美国纳粹分子在三十年代因提出改进经济情况的诺言而获得追随者也非偶然。因此，我们如对资本主义中的失业问题采取无所作为的态度，就会有一种自然力量带来另一种形式的解决办法。法西斯主义分子就会登上舞台，用备战扩军的办法来达到充分就业。避免这种解决办法的必要就清楚地表明了解这一问题和用民主方法解决这一问题的重要性。

另外还有一种获得充分就业经济的办法，它和法西斯主义与改良资本主义都有本质上的不同。这就是使生产工具社会化的办法。在第三章中曾指出为何在社会主义中经常可以保持充分就业。成功地管理一个社会主义经济也许会遇到一些严重的问题，但失业不会是一个问题。

美国公众有一种很大的误解，他们以为凯恩斯派经济学家的实际改革措施会导向社会主义。必须着重指出，凯恩斯的改革并没有侵犯私人对生产资料的所有权。社会主义经济最重要的特点是：在那里，不存在对生产资料的私人财产权利。凯恩斯派的办法是把国家作为一种平衡力量，它仅仅补充私人资本家行为之不足，而社会主义的办法是把国家作为惟一的企业主，它完全代替了私人资本家。凯恩斯派的政策确只是一种保守的政策，因为它的目的是保留自由企业的资本主义。社会主义不是保守的；它是激烈的，目标是把资本主义体系改变成为一种完全不同的形态。

另一方面，法西斯主义代表资本主义最坏的一个阶段。我们如不能成功地进行凯恩斯式的改革或实行社会主义经济，我们的资本主义社会就终得采取法西斯主义的方式。如果听其自然，资本主义运动的经济规律就会使我们走上德国最近走上的道路。

为充分就业计划

为改革资本主义使之成为充分就业体系所必须采取的实际经济政策方案如何？大概说明一下是有益的。我们首先将从机械的观点来考虑这一方案，即如果这一方案为整个社会所接受，它的运行方式如何？在次一节中则从它和政治实际情况的关系来加以考虑，并判断它是否可能。

一般的政府经济政策可以根据前几章讨论的就业理论很容易地加以说明。这一政策必须是：政府将以恰足以维持充分就业的数量补充或刺激私人对消费或投资的总支出。我们也可以说，私人投资加政府投资必须等于私人及商业企业从他们的充分就业的收入中所储蓄的数量。我们应请读者绝勿以为政府的这种活动必然常是正面的性质。如果特殊的问题是填补通货紧缩间隙的问题，则政府必须承担一个正数支出活动的方案。然而，如果任务是扫除通货膨胀间隙，则政府的活动必然是负数支出的活动。在任何情况下，政府应是一个平衡的机构。必须事先大略预测私人经济活动和正常政府预算所产生的收入水平。如果私人活动会产生低于充分就业的收入，则政府必须担负一个正数支出的方案以达到充分就业。如果预测表明收入水平高于充分就业收入水平，则政府必须减少支出以与通货膨胀作斗争。[1]

在战前的几年中，我们所需要的政策是克服通货紧缩的政策。二十世纪三十年代的萧条情况从未被政府的行动成功地彻底消除。此时回顾当时的政策，很容易看出为什么美国会停留在萧条状态中达十年之久。通货紧缩间隙的大小从未得到适当的估计，为恢复充分就业所需要的政府的活动实际上比已经进行的活动要大得多。

战争对我们经济的影响清楚地表明如果政府支出是充分地高，充分就业会自动地随之而来。当然，政府战时的活动比平时环境所必需的充分就业活动更大。但明智的政治经济政策不一定会过大或过小。它可以恰到好处。

在二十世纪三十年代整个时期中我们的人口向上增长，我们的技术生产能力也向上增长，因而充分就业的产量水平也是增长的。对于充分就业收入我们应把眼界提高到较高的水平。但是，我们的计算都是以 1929 年作为标准，我们政府的经济政策是为小人国设计的，而我们却生活在巨人的世界里。

我们现在所经历的战后的繁荣不可能继续很久。在二十世纪五十年代的十年中(或者甚至更早一些)，我们可能会再遇到失业问题，除非我们采取适当的步骤阻止另一次灾难惨重的萧条的再现。

---

① 我们能否作充分预测的问题纯粹是一个技术问题。作者现正拟设计能适合于这种预测的统计模型，相信这一问题的困难可以解决。见拙作：《对国民生产转变预测的事后观察》，《政治经济杂志》，第 54 卷，1946 年，第 289 页。

我们的有效需求理论表明，我们可以用来使体系中收入水平提高到更充分的就业水平的政策措施有两类。我们可以增加每一国民收入水平上对投资的支出数量，而在同时不令引起对消费支出的补偿变化，这样来刺激投资。另一办法是，我们可以减少每一收入水平上的储蓄（不支出于消费），而在同时不令引起投资支出的补偿变化，这样来压抑储蓄。第一种政策企图提高整个投资表①（投资倾向），而第二种政策则企图降低储蓄表②（储蓄倾向）。高水平的投资表和低水平的储蓄表会产生很高的收入水平。这两类政策决非相互排斥，但它们的性质却各有不同。

通过彻头彻尾的政府支出最能直接刺激投资水平。有许多对社会有益的工程计划从整个社会的经济福利观点看来必须进行，而在资本主义社会中，根据利润动机活动的私人企业家却不愿从事这些工程计划。例如，美国许多大都市的贫民窟应该拆除而代之以低成本的近代化的住宅。城市应当重新设计以减少令人厌恶的烟尘，提供更好的交通干道，在住宅区和娱乐区之间更合理地分配面积，等等。这些投资计划过去没有现在也没有进行，但它们肯定是令人企望之事。私人企业家之所以不进行这些计划是因为它们有风险——如果我们用货币利润标准来衡量的话。这些计划如果是对社会有益，就必须为不能付出高租金的人民群众来进行。对低租金的房屋可以慢慢地收回它的成本，比今日世界私人资本家要求的要更慢一些。像这类有益的投资计划必须由一个有能力担负报酬缓慢甚或毫无报酬的风险的机构来承担，这个机构就是

①，② 在第三章和第四章中已对这些名词仔细地下过定义。

政府。如众所知，这些社会希求的建筑计划的规模至少可以保证美国几年的充分就业。这是一个刺激投资水平的明显方法；政府直接投资于社会希求的工程，补充私人的投资，这样就可维持充分就业。不过，要说明的一点是，如果私人建筑工业有充分的能力实行这一计划，政府直接投资就不一定必需，因为政府可以津贴私人企业以鼓励它从事由于有风险不能引起它们兴趣的活动。不过，我们毋须急于津贴我们经济中那些最不值得接受津贴的部门。

给予津贴的另一办法是降低商业税。最近经济学家们强烈地主张降低商业税以刺激投资。然而，这些论点中有不少是不正确的。最常提出的建议是降低公司所得税。这一政策并不会如许多人所想的那样刺激投资。第三章阐述的投资理论适用于资本主义经济。在资本主义经济中企业家行动的目的是最大限度地扩大他们的利润。最大限度地扩大百分之六十的利润还是百分之九十的利润又有什么区别呢？最大限度地扩大利润的关系是绝对不变的。如果税率从百分之四十变为百分之十，最大限度扩大个人利润的企业家没有理由会立即改变他的投资决定。如果边际税率[①]常小于一（合理的税收制度总是如此），则商业企业最大限度地扩大利润的决定与所得税结构无关，这是一个一般的命题。

以上所述并不意味着商业税的变化对总收入与就业没有影响，但的确表明投资决定完全依存于税率这种企业家的行为方式是不存在的。如果任何个人税或商业税有所降低，则家庭消费者

① 边际税率是每一元额外收入中用于纳税的数额。如果边际率小于一，商业收入中增加的每一美元不会全部用于纳税。

手中可以使用的收入会增加。可使用的收入增加后会引起较高的消费，通过我们的乘数理论，这会带来经济体系中较高水平的收入。由此而引起的较高水平的收入会导致较大数量的投资，但如果投资与收入的基本关系没有改变，这一过程会停止。因此，税率降低对于投资也许会有间接的影响；无论是商业税或个人税，这一影响是一样的。

设在商业税改变时商业储蓄随之改变，以上论点会出现一例外。如因商业税减少而商业储蓄增加，则减少商业税的刺激会小于减少个人税的刺激。

尚有其他种类的特别税可直接有助于投资。早已有人建议应对商业企业没有用于投资目的的保留收益征税。从来没有人循此方向设计一个能令人满意的税收政策，但是能创造投资的税制改革必须从此中求之。

凯恩斯长期以来即赞成操纵利率以刺激投资的愿望。这种政策是以投资对利率的改变很敏感这一假定为基础。但有如在第三章中所指出，所有理论的和实验的证明都说明在今天投资表是没有利息弹性的。我们看到从 1932 年到 1941 年长期利率下降很多，然而我们并没有观察到高水平的投资活动。和这一时期的资料相适应的经济统计模型表明，即使除利率外其他条件仍旧不变，我们也不会得到显著高水平的投资。

可能在某些部门利率政策具有比一般为高的影响。政府对住宅建筑贷款已开始提供较低的利率。这一政策本身并没有使二十世纪三十年代的住宅建筑循环从低潮转向高潮，但它在将来也许更会有所帮助。我们最多只能希望较低的利率会在经济中某些孤立的部门产生一些小刺激。一般说来,利率政策是无甚效果的。

另一较近于古典观点的被认为能刺激投资的改革政策是废除某些垄断特权。例如,左派或右派的批评家都常说,给予新发明至少十七年垄断权的专利制度会压制本来会引起投资增加的新创造,因而这种制度的作用不过是使投资数量减少。新创造之所以被压制,是因它们会和某些既得利益发生冲突。在很多情况下,专利制度确被用来压制新创造,但却不能因此说改革专利制度本身就足以使投资表维持在一个充分就业的地位上。对其他反垄断措施也可以得出同样的结论。本书曾讨论过,一个完全竞争的资本主义体系不能自动地解决失业问题。在任何形态的资本主义体系中,因缺乏确定的计划使投资与储蓄二者保持一个充分就业的关系,就会发生经济波动,就会出现大量严重失业的时期。

许多经济学家为垄断特权辩护,理由是它们能刺激投资。他们称现代工业社会的革新创造需要广泛的科学研究设备,这种设备不是小企业所能提供。根据他们的理由,只有像通用电气公司、通用汽车公司、美国电话电报公司、杜邦公司等这类的公司才能供给完善的实验室以进行为革新所必需的科学研究。然而,在我们谈到废除或修正专利制度以减少垄断利益的权力时,我们应用时建议在非利润机构如政府或大学的实验室中保持大规模的科学研究。一个考虑周到的计划应用时考虑既废除垄断又维持研究。一个完备的方案能有助于投资的增加,但我们仍必须为竞争的体系中可能发生的萧条或通货膨胀作准备。

凯恩斯对经济学最近的贡献为战时关于国际货币稳定的凯恩斯计划。布雷顿森林(Bretton Woods)所完成的工作大部分由他负责。这一结果对投资提供了更多的刺激。当国内投资缺乏有利的出路时,资本家会向国外寻找新机会。国外投资像国内投资一样也会导致较高的国民收入水平。布雷顿森林建议中的国际银行明确地企图在不发达国家中担负不包括在私人资本市场活动中的投资计划。所有得到银行支持的投资计划必能起扩大一般繁荣水平的作用。但在数量上仍然有其限制。我们不能依恃国外投资水平会足以补充国内投资水平以达到充分就业。例如,银行的资源也许完全不够保证对像美国这样的国家进行资本输出以填补通货紧缩的间隙。国际投资会有助于改善美国的国内繁荣,但比起我们经济问题的范围来说,这种帮助只能是小规模的。

政府投资、税收政策、利息政策、反垄断政策、国外投资等方法是把投资表提高到更高的地位的一些主要方法;我们现在还得看看另一种解决问题的方法,即以储蓄或消费倾向为目标的政策。

我们还记得从储蓄倾向着手改进就业水平的政策意味着改进整个储蓄表地位的政策;亦即改变储蓄与收入之间关系的政策。这和仅仅改变储蓄表的独立变数(收入)而不改变表的地位的政策很不相同。例如,创造直接政府投资的公共工程政策会引起更多的收入被支出,因而改变储蓄表的收入变数。这一收入的改变反过来又会引起观察的储蓄水平的政策,但是储蓄倾向和储蓄表没有改变。我们可以移向储蓄表上的新地位从而改变观察的储蓄、收入、投资的水平而不影响储蓄表的地位。然而,我们现在转向一种企图改变储蓄的基本习惯从而使储蓄表的地位改变到一个较低的水平的政策。

从过去三十年的统计资料中我们注意到在储蓄与收入表的关

系中已发生一种逐步向下的移动。有某些自然的力量在缓慢地改变整个社会的储蓄倾向。我们在朝着一个较高的消费经济变动，但我们同时在更快地朝着一个低投资经济变动；因此与投资表相关的储蓄表造成了二十世纪三十年代的失业。相对于投资而言，我们的储蓄是过度的，但是储蓄倾向暂时没有增加。

降低储蓄倾向的自然力量是消费者嗜好的改变，广告工业的增长，城市化程度的增加，教育机会的增加以及消费信用使用的增加。头两种力量（消费者的嗜好和广告工业的增长）是相关的。消费者受广告之宣传，说是"美国生活方式"要求有某些支出（如每一家人要有两辆汽车），消费者对这些支出以前并不习惯。广告业对我们生活的许多方面肯定有坏的影响。一般地说，广告是不忠实的，它引起浪费；它支持了富裕的既得利益；但它也使消费保持在一个较没有广告为高的水平上。广告不是获得高消费和低储蓄经济的最好办法，但它是一个办法。

但比之广告更为重要的是人口从农村移入城市。从家庭预算研究中大家都很知道城市居民储蓄倾向远较农民为低；因此城市化的倾向起了降低储蓄表的作用。

教育教导了人们享受生活的果实。我们知道使用复杂的节省劳动的耐用消费品，这就增加了消费倾向和降低了储蓄倾向。与此同时，因消费信用的推广，我们已能用较小的收入支付昂贵的商品，通过这一方式，借来的资金以及当前和过去的收入都可以用来购买这些商品。

这些使我们的储蓄倾向降低的力量很自然地在我们的体系中扩展，但也可以把它们纳入有意识地制订的政府政策中去。我们可以津贴诚实的广告和教育，我们可以通过政府投资使农业机械化，将多余的人口从农村移往城市从事生产力更高的工作，这些移居城市的人民会有较低的储蓄倾向。我们可以扩大像联邦住宅署这种机构的活动，以低利率为耐用消费品提供信用。所有这些政策会压低储蓄表，有助于达到高消费的经济。

我们可以利用这些影响储蓄倾向的趋势力量弥缝修补，但我们可以实行能降低储蓄表的更基本的改革。储蓄习惯是如何形成的？储蓄的原因是什么？一个基本的方案应考察这些问题并设法影响基本的习惯。

在我们近代建立在个人原则上的工业社会中，人们所以储蓄，有很明显的理由。他们为预防失业、生病、残废或年老等困难的日子而储蓄。他们须为结婚成家、教育子女、生育殡葬等做好准备。这是有名的1942年贝佛里季报告(Beveridge Report)中所列举的基本的需要原因。减少由于这些基本需要原因所引起的储蓄的明显方法是由国家以可能的最低的费用照顾这些需要。目前人们企图通过私人持有的保险单为某些这种意外事故做好准备。美国人民每年以亿万的钱财注入保险公司，以预防未来的意外事故。这些公司又必须为这些资金寻求有利和安全的投资出路，而这不是常常可以办到的。此外，私人保险企业不能对人民提供费用低廉的保险单，使他们能够保足他们的需要。我们需要一个像政府这样的非利润机构，它能提供一个广泛的、最低限度的社会保险方案，以降低储蓄倾向。这一方案必须包括全部居民，并必须包括所有促使人们为将来大规模地储蓄的意外事故在内。为大大降低储蓄表的水平，像体现在贝佛里季计划或我国华格纳·墨莱·丁格尔法案(Wagner-Murray-Dingell Bill)中的那种方案是必需的。

高水平的消费经济确为资本主义久远的希望所寄。如果我们重建我们的城市和道路,下一步应采取的足以保证充分就业的和平投资计划是什么?也许有可以利用的计划,也许没有。这一问题不能事先肯定作答。但如果我们已达到高消费的地位,则从任何福利标准来说人民的生活会逐渐变好,而失业问题会达到最低限度。达到高水平消费的最大可能性现在似乎在于社会保险计划。如果我们能减少消费者对不可知的未来的恐惧,则他们就可以在青春年少能够最好地享受生活的时候,享受我们经济活动的果实。

最少还有一个方法可以压抑储蓄,这一方法已在前面几章中提到过。这就是收入的重分配,在文献中讨论的很多。如果从边际储蓄倾向较低的富人手中将收入重新分配给贫穷之人,我们就可减少社会的边际储蓄倾向。这种收入重新分配政策可以通过对富人课税而对穷人付给救济金或其他形式的津贴来实行。但是,如在前几章所述,这一方法本身不足以保证充分就业。现在存在着一种把收入重分配看作万能灵药的趋势,这是一种误解。任何资本主义改革方案都应把收入重分配包括在内,但这种方案如要得到成功,决不能不适当地依赖这一方法获致充分就业。

凯恩斯经济学的主要命题之一是:储蓄表是稳定的,它仅在趋势力量的影响之下,才会逐渐改变。另一方面,据断定投资表是极不稳定的,这一不稳定决定了商业循环的形状。认为储蓄表稳定所根据的理由给了我们一点暗示,告诉我们一个充分就业方案的各个步骤所应选定的适当时间如何。储蓄表之所以稳定是因储蓄决定的作出受到像保险公司这种机构的影响，同时人们有世代相传的节俭习惯。多数儿童都受到节俭美德的熏陶，浪掷金钱之人常被看作是不足取之人。改变这种基本习惯殊属不易，因为任何个人的行动对整个经济的影响微不足道，参加群众行动是必需的；但每一个人仅考虑他自己的行动，就不会参加群众行动。奇怪的是，人们并不能认识到他们自己的最大利益。凯恩斯体系有一个法则是，如果每一个人企图从他的收入中储蓄得比以前多些，整个社会并不会得到比以前更大的储蓄数量。考虑图 11。

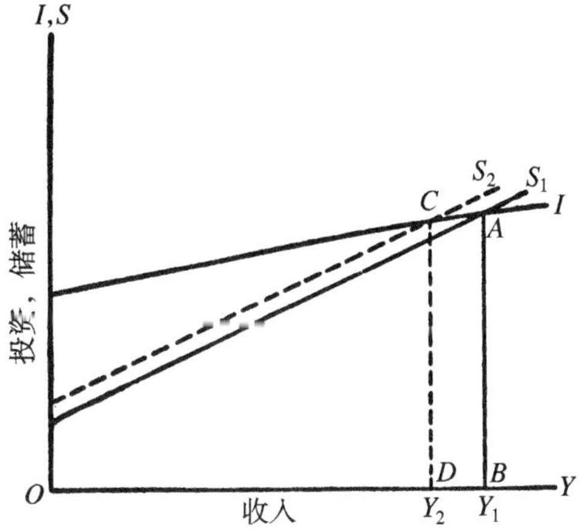

图　11

设社会中每一人都增加他的储蓄倾向，储蓄表会从 S_1 移至 S_2。这意味着沿着表 S_2 社会从任何收入水平中都会比沿着表 S_1 储蓄得多些。但均衡或观察的储蓄水平会从 AB 降至 CD。想储蓄得多些，实际上反会储蓄得更少些。遵循个人原则而行动的人并不知道他们自己的最好的利益。必须教导人们从整个体系看问题。这些讨论表明为什么诱导人民降低储蓄表非常困难。

我们必须采取间接的方法，例如实行能够消除储蓄需要的社会保险方案之类。然而，这些间接的方法发挥它们的全部效果需要时间，在 1931—1933 年的局势下，我们就不能依赖它们。这些政策是长期希望的基础，不能用来影响最近将来的短期的和尖锐的波动。对于后一种形态的波动，我们只能通过政府投资计划加以消除。我们必须准备好一套公共工程计划，以便当经济中的私有部分不能充分利用生产原素时，未使用的原素得以立即用于有用的工作上。政府的支出应该是非常有伸缩性的，能立即发出也能立即减少，其数量恰足以维持充分就业，不太多也不太少。但如因实行社会保险，经济逐渐达到高消费地位时，需要用来抵消波动的政府投资数量就会较少。

充分就业似乎是人们希求的经济政策，但还有人反对它，确不免令人奇怪。较为保守的经济学家[①]反对凯恩斯派的充分就业政策的主要论点有三：(1)它剥夺了个人自由。(2)它会引起通货膨胀。(3)它会增加公债。

卡莱斯基(Kalecki)最近在一次非正式的谈话中很好地反驳了第一种论点。他说失业与贫穷的情况远比经济计划的情况严重得多。如果告诉密苏里山谷的居民，他们必须使用便宜的电力以使失业者能获得工作，或者，让商人因失业者没有购买力而拒绝出售货物给他们，这二者间何者更坏呢？一些老派的经济学家对这一问题的回答也许还要思考思考，但我们知道大多数美国人民会很快地支持第一种做法。

---

① 左派的反对在本章下一节中讨论。

深恐债券持有人会闹革命的人，一再警告通货膨胀的危险。他们反对充分就业方案，因为他们认为这会导致通货膨胀。计划实行得过度，这种可能性是存在的，但是，如果另一条路就是失业的悲惨，那么就让我们有一点通货膨胀又何妨。就凯恩斯的精神来说，如果我们要作选择的话，则宁可要通货膨胀而不要通货紧缩。不过，当然最好二者都不要。没有理由说，明智的经济计划不可能是一个恰好的数量，一个会带来永久的充分就业和稳定的价格的数量。

有几种获得充分就业而不致引起通货膨胀的行政管理方法。如果赋予经济计划者控制政府财政政策的权力，以便在需要支出以刺激就业的时候和地方，他们能够支出，在需要课税以遏制价格的上升时，他们能够课税，那么就不会产生连带引起通货膨胀危险的问题。但在我们的政治社会中，这种权力仅赋予众议院。这一机构必须对适当的支出与税收方案作出决定。但众议院的辩论技术不免过于缓慢和繁琐，不能满足充分就业方案中财政政策所需要的灵活性。另一办法为保持价格管理局(Office of Price Administration)的机构，以便在价格水平出现通货膨胀趋势时，可以随时加以干涉。价格管理局在战时的功绩远超出我们的期望之外，它并没有侵犯任何基本自由，它仅侵犯贪得无厌的投机活动的自由。这一组织在平时也可以为我们服务。在战时我们发现直接的控制是阻止如脱缰之马的通货膨胀的有效方法。这些控制也能适应和平时期经济。我们必须有一个计划机制，准备好一套对社会有用的公共工程计划，以便随时可以填补可能发生的通货紧缩间隙；同样，我们必须有一个物价管理局。这就是达到我们所需要的充分就业的道路。

第三个反对充分就业方案的意见为公债的祸害，这一意见引起一个基本的问题，即失业在资本主义社会是一个问题而在社会主义社会不是一个问题其理由安在？我们可以从下列可以引起热烈辩论的问题来开始这一基本的讨论：失业在这个国家是不是一个不必要发生的问题呢？我们应当给予一个不言而喻的回答"是"。因为这个国家的人民在现在的文明状况下，还有很多没有得到满足的欲望；而我们具有能满足这些欲望的经济资源。我们会开采煤矿，生产钢铁，开动机车，运输货物，只要我们的人民愿意在现行的工资下进行这些工作，我们就将尽可能深入和广泛地进行这些工作。只要没有得到满足的欲望还存在，社会主义的计划部门就会计划利用我们的资源到获得充分就业的程度为止。当我们达到那个欲望普遍得到满足的极乐境地时，我们就可以利用更多的闲暇和更少的物质财货。但在资本主义社会中事情却不是这样。我们有欲望，我们有资源。但有欲望的人常不能影响拥有资源的人。因为国家不拥有资源，它不能保证资源会得到尽可能的利用以满足人们的欲望。除非国家能控制必需的资源，以使人民能进行对社会有用的工作，否则它无法保证充分就业。资源所有人心中并没有充分就业这个标准；他们关心的仅是个人利润。此外，他们常常不知道他们自己的最好利益，不能看到充分就业与他们自己的利润之间的真正关系。

如果国家采取有意识的充分就业政策，就必须使用某种办法控制足够的私人拥有的资源以便能安置失业者从事生产劳动。国家获得必需的资源的一个明显办法就是举借资金用以购买资源。

国家可以出售债券，用所得之款购买钢、机器、拖拉机和三合土以便失业者能重建我们的城市或建设其他重要工程。在我们这个生产资料（钢、机器、拖拉机、三合土）私有的社会中，为减少失业，逐渐增加公债是无可避免的。

公债是否为一种祸害？通过公债筹措之资金乃用来使本来失业的人能获得工作，建筑房屋、桥梁、道路、学校，从实质来看这会使我们更富；这种公债不可能是一种祸害。公债可能会很累赘，但不是一个祸害。公债的累赘乃因必须定期付出利息而起，政府必须有一资金来源，用以支付利息。政府的资金来源为赋税收入，该项收入来自定期的国民收入。只要利息费用仅占国民收入的一小部分，负担就不是太苛重。就目前的利率和公债的数量来说，和国民收入比较，利息支出是小的。如果收入和过去一样，继续长期增长，则对我们可能积累的公债所须付出之利息，就不一定会有成为一种负担的危险。

人们往往不假思索地说，债务对私人厂商是不值得希求之事，因此对政府也不是值得希求之事。这中间其实全无相似之处。在封闭的体系中的个人是在竞争者的大海中经营业务的。如果他们在这一体系中向其他竞争者借贷而又不能偿还其债务，他们就会因欠他们个人单位之外的竞争者的债而告破产。我们的政府可以为了充分就业计划向它自身的组成机构借款；它无须向外部的机构借款。不可能会有一个竞争者能取消我们赎取抵押单的权利。国内持有的公债决不会成为一种负担，因为这是我们自己欠自己的。充分就业计划的更为诡辩的反对者诉说他们已厌倦于听到这一陈腐的“欠你自己的论点”。我们只能回答说，我们也已厌倦听到这一更加陈腐的“公债的负担的论点”。

公债问题的具体过程是这样的：在发行某一数字公债后，我们必须按年付息。从国民收入中我们征课一定数额的赋税作为政府收入，然后以利息的形式付出。公债主要是由较富有的阶层所持有；赋税也大部分来自较富有的阶层；利息也大部分付给较富有的阶层。我们不过是从富人的右边口袋取出付给富人的左边口袋而已。但如果这一转移能使我们支配足够的资源以获得充分就业，则富者与贫者两得其利。贫者可因而获得工作，免受饥饿痛苦及失业困顿。富者则在这一转移之后不仅无所失，而且可从充分就业的收入中获得比以前更大的利润。

在我们结束公债问题之前，还得提一提一个普遍谈及的论点。据论称，我们不能永远推迟恶煞当头的一日。公债必须偿还。资金从何而来？甚至在资本主义社会中失业也不会永远持续下去。像铁路、电力、内燃机等这类的发明会出现，而且会带来一定时期的繁荣，抵消萧条。在这一繁荣时期中，可提高税收，清偿债务以和通货膨胀的危险作斗争，这样做是有利的。但可能在某些公债到期的时候，不适宜于提高税收。如果遇到这种情况，政府只须举借资金付清到期债务，所负新债恰足以替代旧债。政府是一个持续的机构，不因某一组成部分消失而消失。在它继续存在的时候，它可以不断地以同等数额的新债替代旧债，将要求权从一部分转到另一部分，利息相同。从政府的观点来说，这一过程等于发行长期公债，譬如像终身年金一样。但从债权人的观点来说，风险定期地转移于他人，这肯定不是不值得希求的事。

充分就业与政治

上节所述之纲领言之似尚成理，和凯恩斯的理论体系也很相配合，但它也许不能解决我们的问题。改革资本主义的充分就业政策必须从今日的现实政治环境来考虑。

在凯恩斯派的经济学家中，今天也存在着两个派别。他们都接受这一理论的逻辑。一派支持经济政策方案，并对方案的成功具有信心；他们把这一方案看作是解决失业问题的最好办法。在职业经济学家中属于这一派的支持者包括我国的汉森、萨缪尔森、斯密西斯、莫萨克（Mosak）、麦尔扎勒（Metzler）、哈根（Hagen）、勒讷和朗艾等。[①] 另一派较不知名，但不失为正确。这一派认为资本主义体系存在着内在的特点，在实行必需的措施时，它们是无法克服的障碍。这一派主要由马克思主义者组成，他们除了具有严密的经济行为理论外，还具有政治和社会发展理论，这给了他们一个工具，可用以判断凯恩斯派的改革的实行可能性。这一派的最出名的在学术界的代言人为保罗·斯威齐（Paul Sweezy）。

我们已经大略说明了第一派支持的方案，现在我们应该仔细衡量一下马克思主义者的见解，他们对自由的资本主义改革的可能性信心较少。

以前曾经着重说过，凯恩斯不是过激派。他想改良资本主义，使它能更好地运行以达到保存它的目的。一个资本家怎么可能反

① 其中有些人自己不承认是凯恩斯派。

对一种保存资本主义的政策呢？这是因为许多资本家不了解在严重萧条时期资本主义体系朝不保夕，他们看不到他们的地位和整个体系的地位之间的适当关系。上述充分就业立法中的大多数有效措施都不可避免地会受到某些资本家集团的强烈反对。举几个例子就可以说明这一点。

反对当前华格纳·墨莱·丁格尔社会保险法案的有两个有力集团。这一法案是充分就业方案的一个主要部分，因为它是加强消费倾向的主要力量。但是保险信托公司和职业医生协会反对这一立法。在资本主义世界中保险公司企图尽可能地扩大它们的个人利润，对可能损害它们利润的充分就业立法不负社会责任。这是有特殊利益的国会外实力派反对充分就业政策整体的组成部分的一个典型例子。这些实力派对凯恩斯派经济学家的方案是一个巨大的障碍。医生协会之反对社会保险立法，其理由不是他们的总收入会降低，事实上情况恰与此相反。他们之反对社会保险方案是因为医生的收入将重新分配，有利于已建立的组织中的那些没有地位的医生，同时协会会因此失去一些控制整个医界业务的大权力。在一个资本主义社会中，有力集团不愿丧失权力，也不愿丧失利润，对于任何会降低他们权力的立法，他们就要斗争。马克思主义者会说，我们的社会中充满了各种集团，他们会反对方案的其他部分正像保险信托公司和医生协会反对社会保险一样。

这样的例子是说不完的。中西部的电力公司反对会刺激投资水平的密西西比河水力发电工程计划。银行公会反对布雷顿森林建议，因为他们的权力将丧失给一国际组织。许多商业界人士会说价格管理对填补通货膨胀间隙是重要的，但他们会以更大的劲头说，价格管理最好不要应用到他们这一特殊行业。他们会反对任何危及他们自己利润的措施，甚至以社会的失调为代价亦在所不惜。除非我们能使企业家看到整个体系和他们对整个体系的社会责任，否则马克思主义者认为凯恩斯派的政策在政治上不可行也确有其理由。

马克思主义者不反对凯恩斯派的方案。事实上，他们是充分就业立法的积极支持者。但作为一个永久的解决办法来说，他们并不满足于充分就业立法。他们认为它对普通人民有利而加以支持，但他们认为能圆滑运行的长远解决办法是社会主义。在社会主义经济中，不大会有要克服特殊利益集团活动的问题。在这样一个体系中，通过中央计划可使每一个别经济单位的活动和整个体系的活动取得协调。这就使得社会主义计划能圆滑地运行而不致有摩擦。

充分就业与经济学上没有解决的问题

甚至在解决了失业问题之后，我们的社会改革计划也必须继续下去。凯恩斯经济学给了我们一套解决失业问题的工具，但它完全没有谈到其他许多也应当受到我们注意和研究的社会经济问题。

公平就业和充分就业一样也应成为我们改革口号的一部分。不错，较充分的就业会有助于较公平的就业，但我们在争取获得充分就业的经济时，对提高少数集团的经济地位不能放松努力。如果在充分就业的情况下，黑人做着低贱的工作，国民收入为每年一千八百亿美元，则我们的目标应该是争取国民收入每年大于二千亿美元，在黑人和其他人享有同样经济机会的社会中，这一目标是可以达到的。正像失业的存在引起我们经济体系的病害,带来了灾难,不公平就业的存在也产生了同样严重的祸害。一个完全的经济理论必须告诉我们如何既能获得公平就业又能获得充分就业。我们也许可以接受凯恩斯的理论作为构成我们现在正在摸索的全面的学说的一个步骤。

第二,凯恩斯曾经向我们指出获得较高收入水平的方法,但他没有向我们保证这种收入会公正地分配。凯恩斯派的许多政策都对贫者比对富者有利。例如,需要雇主大量输纳的社会保险年金即表示资源会从资本家手中转移到工人阶级手中。但这种重分配计划本身不足以阻止社会大不平的存在。在资本主义环境中,一个成功的充分就业政策方案仍然会留给我们很不公正的收入分配。这是另一种形态的经济不公平,就像不公平的就业一样。如果我们要有真正的经济民主,最终必须消灭这些不公平。

我们还记得,古典经济学家在他们的理论体系中假定失业问题是不存在的,但他们一直忙着进行经济研究。他们怎样花去他们的时间?对于在充分就业的经济中资源分配问题的解决,他们作出了贡献。

一旦我们能使所有我们的人和机器都从事于某种有用的努力,我们就必须也研究这一问题。生产原素必须在各个工业和行业之间进行适当的分配,以使我们能在普通接受的工作和闲暇的方式内获得在物质上尽可能高的充分就业产量价值。

凯恩斯没有讨论资源分配问题,因为手边要讨论的迫切问题太多。但当困扰凯恩斯的问题得到解决时,资源分配问题又会成为一个迫切问题。

技术附录

《货币论》的数学模型

为对《货币论》的结构获得全面的理解，我们最好把整个体系用公式构成一个简单的模型。为便于引证，兹再将全部有关变数代表的意义说明如下：

I 投资的市场价值

S 储蓄的价值

Q 意外利润

r 利息变数

$\bar{r}$ 市场利率

O 生产的物质量

R 消费的物质量

C 投资的物质量

E 付给生产原素的收入

Π 整个出产的价格水平

P 消费财货的价格水平

P' 投资财货的价格水平

M_3 储蓄存款数量

M_2　商业存款数量

M_1　收入存款数量

V_1 收入的流通速度

魏克赛尔对自然利率下的定义为:可以获得价格稳定的利率或使储蓄与投资相等的利率。凯恩斯把这一概念应用于他的储蓄和投资定义得到以下方程式:

$$S(r)=I(r)$$

r的答案决定自然利率。在市场上发生的实际的或观察的储蓄与投资也许与以自然利率代入储蓄或投资函数计算出来的储蓄与投资大不相同。观察的投资为

$$S(\bar{r})+Q(\bar{r})=I(\bar{r})$$

其中 $\bar{r}$ 为市场利率。魏克赛尔认为 $\bar{r}$ 为银行在限度以内所决定;他曾说只要银行的储备情况使其能常常供给和所定利率相应的适当数量的信用,他们就可以自由决定 $\bar{r}$。

凯恩斯也假定银行可将市场利率定为 $\bar{r}$。他并认为银行可以控制储蓄存款的数量 $\overline{M_3}$。这种控制肯定是有问题的,但让我们遵循因他的假定而导致的机械程序。利息方程式以及第一章中讨论的其他问题和某些明显的关系可以表示如下:

$$I(r)=S(r)$$

$$Q=Q(r)$$

$$r=\bar{r}$$

$$\Pi O=E+Q(r)$$

$$PR=E-S(r)$$

$$M_3=B(P')$$

$$M_3 = \overline{M}_3$$

$$O = \overline{O}$$

$$M_1 V_1 = E$$

$$V_1 = \overline{V}_1$$

$$M_1 = \overline{M}_1$$

$$C + R = O$$

$$P'C = I(\overline{r})$$

按次序来说，我们有储蓄投资方程式，利润函数，独立确定的市场利率，决定Π的“基本方程式”，储蓄的定义（或者，换一个说法是，我们对决定P的“基本方程式”的解释），空头函数，储蓄存款的已定数量，已定的产量，收入速度的定义，已定的速度，收入存款的已定数量，出产的分为消费财货加投资财货，以及投资的市场价值的定义。在我们把自然利率和市场利率区分为性质不同的变数时，我们所得到的方程式和变数一样的多。

第一个方程式可以为自然利率求出解答，如r_0。将市场利率代入$Q(r)$，我们其次就可以计算意外利润。将观察的储蓄与意外利润相加，即得到实际的投资水平，$S(\overline{r}) + Q(\overline{r})$或$I(\overline{r})$。空头方程式产生了一个答案，$P' = P'_0$；此外从比率$I(\overline{r})/P'_0$可得到实际投资数量$C_0$。从方程式

$$C_0 + R = \overline{O}$$

可以计算消费数量R_0，我们现在尚余下三个方程式：

$$\Pi\,\overline{O} = E + Q(\overline{r})$$

$$PR_0 = E - S(\overline{r})$$

$$\overline{M}_1 \overline{V}_1 = E$$

可以得到三个变数 Π,P,E。这一体系中的弱点是后来的凯恩斯经济学中的最重要要素,即有效需求理论。数量方程式是凯恩斯的决定 E 的惟一理论,这一理论的有效性决定于银行体系能决定收入存款数量 $\overline{M}_1$ 以及货币总数量这一假定。在其他地方凯恩斯也提出“有效需求理论”——在机构上 $E/\overline{O}$ 定为效率所得(efficiency earnings)。

有趣的是可以看到即使消费财货价格水平的“基本方程式”照凯恩斯在《货币论》中所写的不动,体系并不会变得有几分确定性。根据不甚正当的假定,这一方程式可以写如下式:

$$P=\frac{E}{O}+\frac{I'-S}{R}$$

其中 I'=投资财货的生产成本。所作之假定

$$I'=E\left(\frac{C}{O}\right)$$

仅仅增加了另一方程式来决定一个新的变数,因而就某种意义来说,P 的确定性不受影响。

凯恩斯不曾承认 $Q\neq 0$ 为一不均衡情况,就 $Q=0$ 的情况而言,我们确可得到一更为调和的、虽然是严格地古典式的理论。如第一章引语所表明,对于均衡地位,他支持数量学说。模型现变为

$$I(\bar{r})=S(\bar{r}) \qquad \Pi\,\overline{O}=RP+S(\bar{r})$$

$$\overline{M}_1=\left(\frac{1}{\overline{V}_1}\right)\Pi\,\overline{O} \qquad C+R=\overline{O}$$

$$\overline{M}_3=B(P') \qquad P'C=I(\bar{r})$$

在这一情况下我们有足够的方程式决定所有的自由变数。

如果我们仅考虑体系中以下自行决定的部分,

$$I(\bar{r})=S(\bar{r})$$

$$\overline{M}_1=\left(\frac{1}{\overline{V}_1}\right)\Pi\,\overline{O}$$

我们看到凯恩斯是尽其可能的那样古典。在现行市场利率下，全部储蓄流量都变为投资，货币的数量决定价格水平。充分就业产量被看作是已定的，因为它是从完全体系中的背景方程式得出来的。

《通论》体系的数学引申

消费函数和灵活偏好函数　现考虑有一单一家庭拟最大限度地扩大其效用函数，这一行为乃取决于现在和将来商品的消费以及它的以货币形式和各种证券形式出现的资产结构。最大限度扩大的过程不是没有限制的。我们必须加上如下的限制条件：在任何已定时期开始时持有的流动资产加在该时期持有的证券上所赚得的利息再加该时期其他未支出在消费上的收入（储蓄）等于在该时期终了时持有的流动资产。换句话说，这一条件要求流动资产数量的改变率等于储蓄，或者流动资产等于过去积累的储蓄。我们忽略家庭持有财货（存货）的可能性，这种行为将包括在商业厂的投资活动内。

现写出下式：

(1) $u=u(x_{11},\cdots,x_{n1},\cdots,x_{1T},\cdots,x_{nT},b_{11},\cdots,b_{s1},\cdots,b_{1T},\cdots,b_{sT},m_1,\cdots,m_T)$

(2) $m_{t-1}+\sum_{i=1}^{S}(1+r_{it})b_{i,t-1}+y_t-\sum_{i=1}^{n}p_{it}x_{it}=m_t+\sum_{i=1}^{s}b_{it}$

$t=1,2,\cdots,T$

其中 u=一个特殊的家庭的效用；x_{it}=在未来第 t 个时期中第 i 项商品的消费；b_{it}=在未来第 t 个时期终了时持有的第 i 项证券；m_t=在未来第 t 个时期终了时持有的现金余额；r_{it}=相应于未来第(t−1)时期终了时第 i 项证券的利率；y_t=未来第 t 个时期的非利息收入；p_{it}=未来第 t 个时期第 i 项商品的价格；T=最大限度扩大效用的时间水平线的最后时期。

我们现在的问题是在(2)的限制下最大限度地扩大(1)。首先我们构成以下函数

$$\Phi=u+\sum_{t=1}^{T}\lambda_t[m_{t-1}+\sum_{i=1}^{s}(1+r_{it})b_{i,t-1}+y_t-\sum_{i=1}^{n}p_{it}x_{it}-m_t-\sum_{i=1}^{s}b_{it}]$$

其次，我们引申出为最大限度扩大效用所必需的条件。

(3) $\dfrac{\partial\Phi}{\partial x_{it}}=\dfrac{\partial u}{\partial x_{it}}-\lambda_t p_{it}=0 \quad i=1,2,\cdots,n; \quad t=1,2,\cdots,T$

(4) $\dfrac{\partial\Phi}{\partial b_{it}}=\dfrac{\partial u}{\partial b_{it}}+\lambda_{t+1}(1+r_{i,t+1})-\lambda_t=0 \quad i=1,2,\cdots,s; \quad t=1,2,\cdots,T$

(5) $\dfrac{\partial\Phi}{\partial m_t}=\dfrac{\partial u}{\partial m_t}+\lambda_{t+1}-\lambda_t=0 \quad t=1,2,\cdots,T$

根据定义，$\lambda_{T+1}=0$

方程式(3)，(4)，(5)以及方程式(2)中的限制可以使我们根据价格、利率、收入以及最初的条件解出所有的 x，b 和 m。这些答案是商品流量和流动资产数量的需求方程式。我们把它们写作：

(6) $x_{it}=x_{it}(p_{11},\cdots,p_{nT},r_{11},\cdots,r_{sT},y_1,\cdots,$
$y_T,m_0,b_{10},\cdots,b_{s0})$

$i=1,2,\cdots,n$

$$t=1,2,\cdots,T$$

$$(7)\ b_{it}=b_{it}(p_{11},\cdots,p_{nT},r_{11},\cdots,r_{sT},y_1,\cdots,y_T,m_0,b_{10},\cdots,b_{s0})$$

$$i=1,2,\cdots,s$$

$$t=1,2,\cdots,T$$

$$(8)\ m_t=m_t(p_{11},\cdots,p_{nT},r_{11},\cdots,r_{sT},y_1,\cdots,y_T,m_0,b_{10},\cdots,b_{s0})$$

$$t=1,2,\cdots,T$$

(2)的限制形式常使各别的变数 $y_1,m_0,b_{10},\cdots,b_{s0},r_{11},\cdots,r_{s1}$ 以特殊的形式出现：

$$(9)\ m_0+\sum_{i=1}^{s}(1+r_{i1})b_{i0}+y_1$$

我们的模型是动态的，因为它代表包括未来时期的最大限度扩大化。关于未来价格、利率、收入等的所有复杂情况都必须以单家庭的个人预期为基础。我们将假定任何变数的预期未来时间形状为该变数过去及当前历史的函数。在分离模型(discrete model)中，这一历史形状可以所述特殊变数的全部时间间隔价值的函数为代表。一个具有时间间隔变数的模型就能表现出一个动态的凯恩斯体系，但是为了我们的比较静态的目的，我们将假定所有的时间间隔都为零，仅利用全部变数的当前价值；因此可从静态方面将(6)，(7)，(8)重写为：

$$(10)\ x_i=x_i(p_1,\cdots,p_n,r_1,\cdots,r_s,y,a)\qquad i=1,2,\cdots,n$$

$$(11)\ b_i=b_i(p_1,\cdots,p_n,r_1,\cdots,r_s,y,a)\qquad i=1,2,\cdots,s$$

$$(12)\ m=m(p_1,\cdots,p_n,r_1,\cdots,r_s,y,a)$$

其中[1] $$a = m + \sum_{i=1}^{s} b_i$$

给消费下定义为

$$(13) \qquad \sum_{i=1}^{n} p_i x_i = c$$

证券持有总数为

$$(14) \qquad \sum_{i=1}^{s} b_i = b$$

如果我们有一适当的加总过程，我们可以写出下式：

$$(15) \qquad c = c(p, r, y, a)$$

$$(16) \qquad b = b(p, r, y, a)$$

$$(17) \qquad m = m(p, r, y, a)$$

其中 r 及 p 各为利息及价格总数。如果我们进一步将通常的同性质条件加于我们的需求方程式上，它们就变成

$$(15a) \qquad c/p = c^*(r, y/p, a/p)$$

$$(16a) \qquad b/p = b^*(r, y/p, a/p)$$

$$(17a) \qquad m/p = m^*(r, y/p, a/p)$$

假定这些方程式是一次式，如家庭预算资料所示。

$$(15b) \qquad c/p = d_0 + d_1 r + d_2 y/p + d_3 a/p$$

$$(16b) \qquad b/p = e_0 + e_1 r + e_2 y/p + e_3 a/p$$

$$(17b) \qquad m/p = f_0 + f_1 r + f_2 y/p + f_3 a/p$$

将所有个人函数相加即得社会需求函数。[2] 例如，在(15b)式中，

---

① 适当的变数为 a，因为在(9)式中不包含预期价值的惟一组成部分为 $m_0 + \sum_{i=1}^{s} b_{i0}$。

② 读者当能记得，在此以前我们已讨论过个人家庭需求函数。

如将所有和单一家庭有关的变数都标以小 i,则:

$$(18)\quad \sum_i c_i/p=\sum_i d_{0i}+(\sum_i d_{1i})r+\frac{\sum_i d_{2i}y_i}{\sum_i y_i}\frac{\sum_i y_i}{p}+\frac{\sum_i d_{3i}a_i}{\sum_i a_i}\frac{\sum_i a_i}{p}$$

$$C/p=d_4+d_5r+d_6Y/p+d_7A/p$$

其中 $d_4=\sum_i d_{0i}$;$d_5=\sum_i d_{1i}$;$d_6=\frac{\sum_i d_{2i}y_i}{\sum_i y_i}$;$d_7=\frac{\sum_i d_{3i}a_i}{\sum_i a_i}$

$$C=\sum_i c_i;\quad Y=\sum_i y_i;\quad A=\sum_i a_i$$

同样,我们得到

$$(19)\qquad B/p=e_4+e_5r+e_6Y/p+e_7A/p$$

$$(20)\qquad M/p=f_4+f_5r+f_6Y/p+f_7A/p$$

变数 A/p 等于 M/p+B/p。我们显然可以在(18),(19)和(20)间消去 B/p 而得

$$(18a)\qquad C/p=d_8+d_9r+d_{10}Y/p+d_{11}M/p$$

$$(20a)\qquad M/p=f_8+f_9r+f_{10}Y/p$$

以上二式各为通常的凯恩斯消费函数及灵活偏好函数。不过,我们假定在大多数情况下 $d_{11}=0$。某些实验的证据支持这一观点。[①] 另一把(18)和(20)式直接转变为凯恩斯的方程式的方法为将 A/p 作为代表社会总的实际财富。如果这一实际财富能产生收入川流 Y/p,我们可写出下式:

$$(21)\qquad A/p=\frac{Y/p}{r}$$

① 见克莱因《关于国民生产转变预测的剖释》,《政治经济期刊》,第 54 卷,1946 年,第 289 页。

这是按现行利率将社会财富所生产的收入资本化。将(21)式代入(18)及(20),我们可以消去作为体系中的一个独立变数的 A/p。

如果收入及消费为体系中的变数,我们得到如下定义:

(22) $S/p \equiv Y/p - C/p \equiv -d_4 - d_5 r + (1-d_6)Y/p - d_7 A/p$

其中 S=储蓄。

(22)式为储蓄函数,在体系中同时使用储蓄函数和消费函数是多余的。

应当注意在以上引申式中变数 y 称为非利息收入。但在限制方程式(2)中利息收入和非利息收入常加在一起列入方程式;因此我们可以认为在解答(10),(11),(12)时系根据包括利息之收入同时也根据非利息收入求解。如果变数 Y 包括利息收入,则方程式(18)和(20)更为方便。尚应注意 d_6,d_7,e_6,e_7,f_6 和 f_7 为单一参数的加权平均,权数为单一的货币收入或流动资产。如果收入的分配和财富的分配在短期内没有剧烈变化,可以视这些加权平均数为体系的稳定的参数而不是变数。

投资函数,一般情况　我们可以假定企业家在购买资本资产时,其行为准则系在该项资产的预计未来年限中,将利润最大限度地扩大。可以最大限度地扩大的预期利润为:

(23) $\pi = \int_0^T (py - wN)e^{-\rho\theta}d\theta - q\left(\frac{I}{q}\right)$

其中 p=出产的价格水平,y=产量,w=工资率,N=就业,ρ=贴现率,T=企业家水平线,q=新资本财货的价格,I=投资的货币价值。

最后一项不包括在积分的符号下,因为它代表对耐用设备的支出，该项耐用设备会在整个水平线上生产货物及劳务。劳力的进货和货物的出产为整个时期(0,T)不断出现的流量，但资本支出则仅在计划时期的开端有一次。其他项目，如现存资本的市场价值，也可以出现在利润函数中，虽然它们对最大限度扩大的条件没有影响。

有理性的企业家的行为是在生产函数的限制下最大限度地扩大 π

$$(24)\qquad y=y\left(N,\frac{I}{q},K\right)\text{①}$$

其中 $K=\int_{-\infty}^{0}\left(\frac{I}{q}\right)d\theta$，即在时期开始时积累的资本数量。结果所得到的最大限度扩大化的条件为：

$$(25)\qquad \frac{\partial\pi}{\partial\left(\frac{I}{q}\right)}=\int_{0}^{T}p\left(1-\frac{I}{\eta}\right)\frac{\partial y}{\partial\left(\frac{I}{q}\right)}e^{-\rho\theta}d\theta-q=0$$

其中 η=需求的弹性。这一方程式建立了 p,y,N,K,ρ,q 及 $\frac{I}{q}$ 之间的关系，可以称之为投资函数或资本边际效率表。积分下的项目为预期会从新购买的资本设备 $\frac{I}{q}$ 中获得的未来报酬的贴现川流。贴现率 ρ 为将这一川流贴现到等于新资本的当前购买价格 q 的比率。这正是凯恩斯对边际资本效率的说明。

劳力的需求和新资本的需求也可以根据同样的方式从这一利

① 我们用这种方法写生产函数是想表明新旧资本之间的技术差别。我们还可以进一步区别各个年代的资本财货之间的技术差别。函数(24)是最一般的情况和未经区分的情况二者之间的一个方便的调和。

润最大限度化的模型中获知。在劳力进货的细微的变量中我们可以最大限度地扩大利润。由此可得出下式：

$$(26) \qquad \frac{\partial \pi}{\partial N}=p\left(1-\frac{1}{\eta}\right)\frac{\partial y}{\partial N}-w=0$$

劳力的边际价值生产力等于工资率，从这一点我们可以得到劳力需求表①。

投资函数，特殊情况　在边际资本效率的组成中有两个未知函数：需求的弹性和新资本的边际生产力。我们知道在完全竞争情况中的需求弹性。但如假定竞争不完全，我们可以假设弹性系数不变，以使问题简化。实验的证据表明不变的弹性需求函数很适合观察的资料，因此后一假定无可厚非。关于生产函数，也有实验的证明。将熟知的柯布-道格拉斯(Cobb-Douglas)生产函数稍许变化一下，成为：

$$(27) \qquad y=BN^{\alpha}\left(\gamma_1 K+\gamma_2 \frac{I}{q}\right)^{\beta} e^{g(i)}$$

此式和许多工业的出产和进货资料以及整个经济的出产和进货资料相容不悖。

利用这两个实验的事实并代入我们的最大限度扩大利润的方

① 在这一论证中，我们假定了一种非常简单化的经济形态。工厂都是最大限度地扩大利润函数(23)的说法不像在理论上那样现实；某些厂和某些家庭一样，更关心它们的资产结构。一个更为完全的理论应假定工厂最大限度地扩大效用函数，这一函数依存于未来利润、固定资本数量、流动资产数量和存货数量等的时间形式。更为一般的理论会导致微观体系(micro-system)中的更多的方程式，但也可以化成像凯恩斯的那些宏观体系(macro-system)。我们仅仅企图论证会导向凯恩斯体系的简单理论。至于家庭理论，我们未能做到更不一般化，因为我们得表明灵活偏好理论的基础，如不特别介绍资产结构，就不可能做到这一点。

程式，即可得到：

$$(28)\quad \frac{\partial\pi}{\partial\left(\frac{I}{q}\right)}=\int_0^T p\left(1-\frac{1}{\eta}\right)\frac{\beta\gamma_2 y}{\gamma_1 K+\gamma_2\left(\frac{I}{q}\right)}e^{-\rho\theta}d\theta-q=0$$

现假定企业家不知水平线上每一时期组成部分的价值，他预期在这一水平线的每一时间点上组成部分会有同一价值（当前的价值）。这样就可得到：

$$(29)\qquad q=\beta\gamma_2\left(1-\frac{1}{\eta}\right)\frac{py}{\gamma_1 K+\gamma_2\left(\frac{I}{q}\right)}\int_0^T e^{-\rho\theta}d\theta$$

$$\frac{I}{q}=\beta\left(1-\frac{1}{\eta}\right)\frac{py}{q}\frac{1}{\rho}(1-e^{-T\rho})-\frac{\gamma_1}{\gamma_2}K$$

这就是凯恩斯的投资函数。如 $p=q$ 或 $p=\gamma q$，我们就可以得到凯恩斯函数的习惯解释：

$$(30)\qquad \frac{I}{p}=\beta\left(1-\frac{1}{\eta}\right)y\,\frac{1}{\rho}(1-e^{-T\rho})-\frac{\gamma_1}{\gamma_2}K$$

或

$$\frac{I}{p}=f(y,\rho,K)$$

我们也可以根据货币价值而不是实际价值写下此式：

$$(31)\qquad I=f^*(py,\rho,qK)$$

在所有短期理论中，我们假定 K 或 qK 是由体系的过去历史所定，在投资函数中仅为一参数。我们也假定可以用 r（利率）代 ρ，因为这二者间的不同仅能用主观风险因素说明，我们的理论对主观风险因素一点将不加解释，必须把它看作是既定的。

我们也可以清楚地看到，为何在水平线 T 缩短时，投资函数可能变成无利息弹性。

$$(32)\quad \frac{\partial\left(\frac{I}{p}\right)}{\partial p}=-\beta\left(1-\frac{1}{\eta}\right)\frac{y}{p^{2}}(1-e^{-T\rho})+\beta\left(1-\frac{1}{\eta}\right)\frac{y}{\rho}Te^{-T\rho}$$

$$=\beta\left(1-\frac{1}{\eta}\right)\frac{y}{\rho}\left[Te^{-T\rho}-\frac{1}{\rho}(1-e^{-T\rho})\right]$$

$$(33)\quad \frac{\partial^{2}\left(\frac{I}{p}\right)}{\partial\rho\partial T}=\beta\left(1-\frac{1}{\eta}\right)\frac{y}{\rho}(-T\rho e^{-T\rho})<0$$

在时期(0,T)缩短以后,投资对贴现率更缺少敏感性,因为随着 T 的下降,$\frac{\partial\left(\frac{I}{p}\right)}{\partial\rho}$的绝对值下降。

为引申凯恩斯投资函数而采取的步骤可以应用于单一厂也能应用于社会。说它们能应用于社会的理由是:如果适当地衡量宏观体系的总数,则微观经济学中的利润最大限度化方程式可以类比应用于宏观体系。①

凯恩斯经济学及古典经济学的数学模型

为比较两种不同的经济理论,对每一理论所支持的体系写出一个数学大纲是有帮助的。这两个大纲的分析的结构的不同可以清楚地显示这两种理论的主要区别。

凯恩斯体系的最一般的形式包括储蓄和投资方程式、灵活偏好方程式,以及从体系中实际部分所得到的背景关系。这一体系

① 见克莱因:《宏观经济学和理性行为理论》,《经济统计学杂志》(*Econometrica*),第 14 卷,1946 年,第 93 页。

可以写出如下：

(34)　$$S(r,Y)=I(r,Y)$$

(35)　$$M=L(r,Y)$$

(36)　$$Y=py$$

(37)　$$y=y(N)$$

(38)　$$w=p\left(1-\frac{1}{\eta}\right)y'(N)$$

(39)　$$N=F(w)$$

其中 S=货币储蓄，I=货币投资，M=现金余额数量，r=利率，Y=货币收入，y=实际收入，p=价格水平，N=就业，w=工资率，η=需求弹性[①]。在这一短期模型中我们假定资本数量已定，即 $K=\overline{K}$。并假定这些方程式有特殊的形状。特别是：

$$\frac{\partial S}{\partial r}\geqq 0\text{，绝对值小}$$

$$\frac{\partial S}{\partial Y}>0$$

$$\frac{\partial I}{\partial r}\leqq 0\text{，绝对值小}$$

$$\frac{\partial I}{\partial Y}>0$$

$$\frac{\partial L}{\partial r}<0\text{，绝对值大}$$

$$\frac{\partial L}{\partial Y}>0$$

① 我们未把价格水平作为储蓄函数中的明显变数。

$$\frac{dF}{dw}=\infty\text{，因 }N\leqq N_0\text{，}N_0\text{ 为充分就业}$$

$$0\leqq\frac{dF}{dw}<\infty\text{，因 }N>N_0$$

当然，正好有足够的方程式决定除 M 以外的全部独立变数，M 乃假定由银行政策所确定。

古典模型也可以写成几个简单方程式：

(40) $$S(r)=I(r)$$

(41) $$M=kY$$

(42) $$Y=py$$

(43) $$y=y(N)$$

(44) $$w=py'(N)$$

(45) $$N=f\left(\frac{w}{p}\right)$$

条件为：

$$\frac{\partial S}{\partial r}>0$$

$$\frac{\partial I}{\partial r}<0$$

$$K=\overline{K}$$

许多经济学家认为这两个体系的主要区别在于以 $N=F(w)$ 代 $N=f\left(\frac{w}{p}\right)$。我们以为这并不尽然，因为把后一供给方程式插入凯恩斯体系中以代替前者，我们所得到的体系仍然是一个不能自动获得充分就业的体系。两个体系之间的更为重要的区别在于变数 Y 的决定。在古典体系中，我们常能从最后三式中解出 $\frac{w}{p}$，N

和 y。数量方程式仅用来决定价格的绝对水平 p(或工资 w),而 r 则从储蓄和投资方程式中获得。没有关于决定 Y 的直接理论,只有在已定就业水平上决定 p 的理论。在这一情况中我们可以称就业是充分的,因对 N 计算的价值位于劳力的供给线上——凡愿意按现行实际工资率工作的人都被雇用。

曾有人论称,古典经济学家确曾认为投资方程式决定于 Y 以及 r,货币方程式决定于 r 以及 Y。如果这一论点是正确的,是否意味着古典经济学家有一个有效需求的理论?我们现想表明事实并非如是。表明这一点的一个方法就是构成一个在形式上包括古典经济学和凯恩斯经济学二者的非常一般的体系。然后我们将表明,如果我们用古典的推理,我们就可以得到一种结论,如果我们变成凯恩斯派,又可得到另一结论。

除了关于现金余额的方程式外,这一体系中的其他方程式在价格方面都属于零次。如果我们以同一比例改变所有的价格与工资,同次方程式的实际量值没有任何改变。此外,在所有市场上都会有完全竞争。

我们可以用任何法常币为根据写下我们的体系。我们将遵循凯恩斯的方法以工资率作为我们的法常币,因此得到以下关系:

(46) $Y=wY_w, S=wS_w, I=wI_w, M=wM_w, L=wL_w$

其中下角小数指以工资单位衡量的变数。模型是:

(47) $$S_w(r, Y_w)=I_w(r, Y_w)$$

(48) $$M_w=L_w(r, Y_w)$$

(49) $$wY_w=py$$

(50) $$y=y(N)$$

$$(51) \qquad w = py'(N)$$

$$(52) \qquad N = f\left(\frac{w}{p}\right)$$

如果每一方程式都可以同时成立，即为完全竞争的完全均衡。古典的答案适合这一情况。从(49)—(52)式的答案中我们得到：

$$\left(\frac{w}{p}\right) = \left(\frac{w}{p}\right)_0$$

$$N = N_0$$

$$y = y_0$$

$$Y_w = (Y_w)_0$$

以$(Y_w)_0$代入储蓄和投资方程式，解之得

$$S_w(r, (Y_w)_0) = I_w(r, (Y_w)_0)$$

因 $r = r_0$。以 r_0 和$(Y_w)_0$代入货币方程式，从下式计算货币工资水平

$$M_w = \frac{\overline{M}}{w} = L_w(r_0, (Y_w)_0)$$

因为我们知道$\left(\frac{w}{p}\right) = \left(\frac{w}{p}\right)_0$和 w_0，我们可以求得 p_0。每一变数都有一独特的价值，因为所有愿意工作的工人都受雇用，得到实际工资$\left(\frac{w}{p}\right)_0$，因此这是充分就业情况。

现再从凯恩斯派的角度继续讨论下去。解出(49)—(52)。以充分就业收入$(Y_w)_0$代入储蓄和投资方程式。从下式中是否常可得到 $r > 0$ 的答案？

$$S_w(r, (Y_w)_0) = I_w(r, (Y_w)_0)$$

在古典经济学的范畴内常可得到这样一个答案，因为古典学派假定这些函数具有某种形状，致它们常在$(S_w - I_w, r)$平面的正数象

限上交叉。古典利息理论假定储蓄决定和投资决定二者都会很敏感地对利率的改变发生反应。但凯恩斯经济学假定两个函数都无利息弹性。在这种情况下，当 Y_w 在充分就业水平时，从上式得不到 $(r>0)$ 的答案。为使方程式能成立，某些项目必须改变，或为 r，或为 Y_w。r 显然不能改变，因为它受 $r>0$ 这一限制的约束。但 Y_w 可以改变。如果 Y_w 从 $(Y_w)_0$ 降至 $(Y_w)_1$，我们或许可使储蓄等于投资。事实上，在 $S_w(r, Y_w)$ 和 $I_w(r, Y_w)$ 两平面调整到均衡之前，Y_w 一直都在下降。如果我们具有以下似乎合理的条件

$$S_w(0, (Y_w)_0) > I_w(0, (Y_w)_0)$$

和

$$\frac{\partial S_w}{\partial Y_w} > \frac{\partial I_w}{\partial Y_w}$$

则下降的收入最后会使储蓄与投资达到均衡。但下降的收入会引起就业的减少。在方程式

(49) $$wY_w = py$$

中代入(51)得

$$Y_w = \frac{p}{w} y = \frac{y(N)}{y'(N)}$$

这一替代意味着尽管出现了变动的调整，劳力的需求曲线仍然有效。如果在像我们现在所考虑的完全竞争情况（例如没有工会影响的情况）中，劳力的需求和供给之间有矛盾，我们相信一个短的需求会左右长的供给。因此在后一方程式中，$y'(N)$ 为 N 的渐减函数，Y_w 的较小的价值仅能由 N 的较小的价值平衡之。我们如说受雇的工人沿他们的劳力供给表向下移动，[①]这样的假定是没

① 见第三章图 5。

有什么意义的，因为他们会接受比雇主愿意付的工资为少的实际工资。但我们如假定他们沿着劳力需求曲线向上移动，[①]得到对和降低的收入水平相应的劳力量所提供的可能最高实际工资，那就不是没有意义。在这一情况下，按照现行实际工资，劳力的需求将小于劳力的供给，这一差别即代表失业。

从这一点我们可以作出结论：完全竞争的完全均衡在古典经济学中常是可能的，但和凯恩斯经济学却是不相容的。可能出现在古典模型中的仅有的一种失业是由于摩擦及其他不完全而引起的失业或因不愿按现行工资率工作而引起的失业。在凯恩斯模型中，解释失业无需引入任何摩擦，仅需以有效需求的理论代替利息理论。

我们在上面解释的失业会不会是一个均衡的地位？在古典体系内货币工资的减少确常会提高就业和收入水平。如果工资降低以同样的力量在凯恩斯体系内起作用，失业的情况可以迅速扫除，因为我们假定每一市场，包括劳力市场在内，都具有完全竞争。古典学派会认为工人的超额供给可以消除，因为他们会竞相降低工资争取工作，从而恢复充分就业。但这两个体系具有不同的结构。在一个体系中创造就业的过程在另一体系也许不会具有同样的效果。

因为我们有一个完全决定的体系，我们可以在任何我们所选择的地方将它缩短。因此我们可以写

(47) $$S_w(r, Y_w) = I_w(r, Y_w)$$

(48) $$M_w = L_w(r, Y_w)$$

---

① 见第三章图 5。

(53) $$w=\overline{w}$$

此式等于上述整个体系。[1]前二方程式可以根据 M_w 为 r 和 Y_w 求解，M_w 又等于$\frac{M}{w}$。假定银行政策倾向于正统的论点，即 $M=\overline{M}$ 保持不变，则出产 Y_w 为工资率 $\overline{w}$ 的函数。假定失业工人降低工资，对 Y_w 会起何种影响？下列形式的乘数很容易计算：

(54) $$dY_w=\frac{dY_w}{dM_w}dM_w$$

它会显示由于工资降低而引起的产量增加。

将缩短的体系中的前两个方程式加以完全微分，得：

(55) $$\frac{\partial S_w}{\partial r}\frac{dr}{dM_w}+\frac{\partial S_w}{\partial Y_w}\frac{dY_w}{dM_w}=\frac{\partial I_w}{\partial r}\frac{dr}{dM_w}+\frac{\partial I_w}{\partial Y_w}\frac{dY_w}{dM_w}$$

(56) $$1=\frac{\partial L_w}{\partial r}\frac{dr}{dM_w}+\frac{\partial L_w}{\partial Y_w}\frac{dY_w}{dM_w}$$

把这一体系当作是两个变数$\left(\frac{dY_w}{dM_w},\frac{dr}{dM_w}\right)$的两个方程式，解之得：

(57) $$\frac{dY_w}{dM_w}=\frac{\frac{\partial I_w}{\partial r}-\frac{\partial S_w}{\partial r}}{\frac{\partial L_w}{\partial Y_w}\left(\frac{\partial I_w}{\partial r}-\frac{\partial S_w}{\partial r}\right)-\frac{\partial L_w}{\partial r}\left(\frac{\partial I_w}{\partial Y_w}-\frac{\partial S_w}{\partial Y_w}\right)}$$

萨缪尔森教授曾表明，如果一个动态模型(我们的静态体系是这一模型的静态答案)要达到稳定，则分母必须是负数。[2] 由此推论

[1] 全部方程式在凯恩斯体系中并不都是精确地适用，这一事实并不能使我们认为这一体系不是完全确定的。除一个方程式外，每一方程式都适用，但所有变数都具有独特的价值，因为劳力的需求左右供给。从不完全的关系中我们得到$\left(\frac{w}{p}\right)^1$，$N_1$。

[2] 在这一结果后面，有着一个很有理由的假定，即 $0<\frac{\partial I_w}{\partial Y_w}<1$。

出：

$$\frac{dY_w}{dM_w} \geqq 0; \tag{58}$$

工资的降低会产生某些正数的效应。但这些正数的效应的量值受到很大的限制，这一点对于结果也许会有某些关系。

在投资表完全无利息弹性以及(或)灵活偏好表具有无限的利息弹性这一有限的情况下，工资降低引起的刺激为零。

$$\lim \frac{dY_w}{dM_w} = 0$$

$$\frac{\partial I_w}{\partial r} \to 0 \tag{59}$$

$$\frac{\partial L_w}{\partial r} \to -\infty$$

工资可以无止境地降低，但出产和就业不会因之增加。在工资降低的环境中，在经过短时期的高水平的失业后，会开始出现超通货紧缩。生产者会发现，继续等待工资进一步降低会更属有利，因而将经济活动推迟。如果体系中没有摩擦，这一过程会继续下去，直到社会革命将经济体系推翻为止。

在不是极端的情况中，乘数$\frac{dY_w}{dM_w}$为一小的正数。[①] 在这一情况下，一个相当大的被乘数会使(乘数与被乘数的)乘积成为一个很大的数量。然而，降低工资的论点必须以小的被乘数为基础。工资的降低除非其幅度甚小，否则会引起工资进一步降低的预期。

① 我们假定$\frac{\partial I_w}{\partial r} = -\varepsilon(r, Y_w)$和$\frac{\partial L_w}{\partial r} = -\frac{1}{\delta(r, Y_w)}$，其中 ε 和 δ 为很小的正数。

大被乘数和小乘数所导致的结果和有限的情况中所出现的结果相同，即超通货紧缩。小乘数与小被乘数无补于事，它们的共同效果不能医治失业。我们的确需要一个小的被乘数与大的乘数以使标准论点获得其应有的地位，但这一情况在凯恩斯体系中是不可能的。

工资降低也许会改变投资和储蓄决定的表，这种可能性是存在的（虽然很小）。如果我们写：

$$I_w(r, Y_w) - S_w(r, Y_w) = -\alpha \tag{60}$$

$$M_w = L_w(r, Y_w) \tag{48}$$

其中 α 代表投资表的正数变动（相对于储蓄表而言），我们也可以计算

$$\frac{dY_w}{d\alpha} = \frac{\frac{\partial L_w}{\partial r}}{\frac{\partial L_w}{\partial Y_w}\left(\frac{\partial I_w}{\partial r} - \frac{\partial S_w}{\partial r}\right) - \frac{\partial L_w}{\partial r}\left(\frac{\partial I_w}{\partial Y_w} - \frac{\partial S_w}{\partial Y_w}\right)} \tag{61}$$

在这一乘数方程式中，受限制的不是乘数而是被乘数。乘数是正数，如果与较大的被乘数 dα 相结合，即会刺激就业。有种力量会使储蓄增加因而减少 dα，另一方面也有其他力量会刺激也会阻碍投资。不论何种会使 dα 变大的正数力量会受到负数力量的抵消，因而最后的结果是不定的，虽然这种抵消可能不会很大。这一最后论断的理由已在本书中较详细地谈到。

长 期 均 衡

在任何一点时间，经济体系可以看作是倾向于一个长期的静

止状态，在这一状态中没有净投资，原有的资本设备以不多不少的数量被替换。这一概念并不意味着静止状态必然可以达到，但任何动态体系可以看作是接近于静态的标准，这一标准在不同时期会有所改变，但常常作为一个有用的观念存在。外在的因素常常会在动态体系内引起震动，使这一体系趋向于不同的静止状态。现在要按照凯恩斯经济学探究的问题是关于长期就业水平的问题。静止状态是否为充分就业的状态？首先谈到静止状态的古典经济学家肯定地把充分就业看作是他们的长期理论。最近汉森教授曾以下述论点辩驳古典学派的见解：[①]有效需求决定因素中的制度上的和心理的组成部分也许会使体系达到一个长期的、就业不足的均衡。未几庇古教授出而为古典著作家解脱，[②]想把他们的理论从困难中解救出来。对庇古教授的说法详加考虑并探究其涵义或许有所裨益。

根据工资单位计算，我们可以很容易地写下一个代表长期均衡的体系，这一体系和庇古的体系是相一致的。

(48) $$M_w = L_w(r, Y_w)$$

(62) $$S_w(r, Y_w, K_w) = 0$$

(63) $$I_w(r, K_w) = 0$$

(49) $$wY_w = py$$

(64) $$wK_w = pK$$

(65) $$y = y(N, K)$$

① 《财政政策与商业循环》，纽约，1941年，第288页。

② 《古典的静止状态》，《经济季刊》，第53卷，1943年，第343页。

(66) $$w=p\frac{\partial y}{\partial N}$$

(52) $$N=f\left(\frac{w}{p}\right)$$

上列长期均衡的模型基本上是庇古的模型而不是从动态的凯恩斯模型所推论出来的结果，在凯恩斯模型中代表时间的变数可以无限制地增加。在凯恩斯对这一模型的说明中，Y_w 会在投资方程式中出现，而 K_w 则不会在储蓄方程式中出现。

如果这一方程式有一个在经济上有意义的答案，那么就可以得出充分就业的结论，而静止状态则代表完全竞争的完全均衡。但庇古同意附加的条件 $r>0$ 也许会使体系过度决定（over-determined）。即是说，当所有其他变数都在充分就业水平时，对 r 也许不会有一个具有经济意义的答案。某一 $r>0$ 的最小价值必定是有的，如果这一价值不会使储蓄和投资在它们的零点水平上达到均衡，则体系中的某种东西必须让路。实际上让路的就是就业，[①]以使 r 的答案与其他变数小于充分就业的价值相容不悖。然而，庇古把这一方程式体系描述为一绝境。他不反对古典经济学家的结论，但是他反对他们的模型的结构，因为他不承认不完全均衡情况的存在。凯恩斯派则认为，由于抛弃古典利息理论，这一体系代表一种失业情况。工资不易改变这一市场现象可以解释为何失业的地位是一种均衡的地位。

庇古的最后一着是将储蓄表稍加修改使成以下形式：

(67) $$S_w(r,Y_w,K_w,M_w)=0$$

① 让路的是就业而非其他，其理由与以前在短期模型中所述的相似。

庇古认为，以这一函数代替另一储蓄函数(62)再加上体系中的其他方程式就使他能够拯救古典派的学说。他的论点是，因为可以合理地假定$\frac{\partial S_w}{\partial M_w}<0$，有伸缩性的工资政策常会把储蓄推向所需要的零点水平，即使在把 r 降低到它的最小值时也是如此。从 $M_w=\frac{\overline{M}}{w}$的关系中显然可看出工资的降低会增加货币数量 M_w。如果 M_w 的增加减小了储蓄的愿望，则有伸缩性的工资政策常能保证在充分就业时储蓄的零点水平，因为失业工人要求的工资 w 会低到使储蓄数量恰到好处。在这一情况下，附加的利率条件不会使体系过度决定。

然而，庇古的论点不是很有说服力，也拯救不了古典的观点。如以前所指出，在经济过程的预期方面，从人们实际考虑的问题来看，工资可以无限制地降低的假定是一种非常危险的工具，庇古必须以这一点作为他的论点的根据：工资很小的降低会立即恢复高水平的就业，以使通货紧缩的螺旋得以避免。特别是，他必须指出在他的体系中，下一关系

(68) $$dY_w=\frac{dY_w}{dM_w}dM_w$$

会产生一个很大的正数乘数$\frac{dY_w}{dM_w}$，以使一个很小的被乘数能导致收入 dY_w 有很大的增加。因此，我们必须考虑造成$\frac{dY_w}{dM_w}$价值大或小的条件。

以下体系

(48) $$M_w = L_w(r, Y_w)$$

(67) $$S(r, Y_w, K_w, M_w) = 0$$

(63) $$I(r, K_w) = 0$$

(53) $$w = \overline{w}$$

等于具有背景方程式的较大的体系，因为 $\overline{M}$ 是由银行体系所确定，头三个方程式连同背景方程式在数目上足以解出所有的变数。因此我们把头三个方程式看作是根据 w（或 M_w）用以解出 r, Y_w, K_w；而 w 则连同 p, N, K 均由背景方程式确定。不论 w 之值为何，我们将称之为 $\overline{w}$。庇古在他的论文中实际上假定 $Y_w = \overline{Y}_w$ 而不是 $w = \overline{w}$，但这一差异不大重要。事实上，在他的《就业与均衡》中，他指出无论 $w = \overline{w}$ 或 $Y_w = \overline{Y}_w$ 都是古典经济学家暗中假定的。

现假定这一缩简的体系的答案是一个小于充分就业而 $w = \overline{w}$ 的答案，换言之，有某些力量加于这一体系上，使各种关系仅能不完全地保持住。庇古的过程乃为降低方程式中之 w，此乃由于相互竞求工作而致。w 的降低对就业的刺激可以从下式看到：

(69) $$\frac{dY_w}{dM_w} = \frac{\frac{\partial S_w}{\partial K_w}\frac{\partial I_w}{\partial r} - \frac{\partial I_w}{\partial K_w}\left(\frac{\partial S_w}{\partial r} + \frac{\partial S_w}{\partial M_w}\frac{\partial L_w}{\partial r}\right)}{\frac{\partial S_w}{\partial K_w}\frac{\partial I_w}{\partial r}\frac{\partial L_w}{\partial Y_w} - \frac{\partial I_w}{\partial K_w}\left(\frac{\partial S_w}{\partial r}\frac{\partial L_w}{\partial Y_w} - \frac{\partial L_w}{\partial r}\frac{\partial S_w}{\partial Y_w}\right)}$$

从庇古的假定

(70) $$\frac{\partial S_w}{\partial K_w} \leqq 0, \frac{\partial S_w}{\partial r} \geqq 0, \frac{\partial S_w}{\partial Y_w} > 0, \frac{\partial S_w}{\partial M_w} < 0, \frac{\partial I_w}{\partial r} < 0,$$

$$\frac{\partial I_w}{\partial K_w} < 0, \frac{\partial L_w}{\partial r} < 0, \frac{\partial L_w}{\partial Y_w} > 0$$

可以推论出

(71)
$$\frac{dY_w}{dM_w}>0$$

但乘数的大小与在短期模型中一样，决定于整个体系的结构。

从长期来说，可以有理由预期，利率会被推向它的最不可能的价值。如果在预见的静止状态中，借贷没有丝毫风险，则利率可以降低至银行贷放款项的最低成本额度。这无疑会使利率接近零。在有借贷风险的情况中，利率的底也许要高一些，但无论采取何种观点，利率是在灵活偏好表有较大的利息弹性这一幅度内。利息弹性的条件虽可直接从凯恩斯关于利率的底的假定中得出，但很容易表明这一条件也可以从庇古的体系推论出来。

如前所述，他不运用灵活函数而用以下这一关系：

(72)
$$r=g\left(\frac{M_w}{Y_w}\right)$$

其中$\frac{M_w}{Y_w}$代表马歇尔的“k”。他假定

$$g\left(\frac{M_w}{Y_w}\right)>0$$

和
$$\frac{dr}{d\left(\frac{M_w}{Y_w}\right)}$$

因而得
$$\frac{M_w}{Y_w}>0$$

此外他说在$\frac{M_w}{Y_w}$数值很大时，函数 g 下降到渐近于零。因之当利率很小接近于零时(像在静态中一样)，我们得到：

$$\frac{dr}{d\left(\frac{M_w}{Y_w}\right)}<0$$

其绝对值很小。从反数关系

$$\frac{M_w}{Y_w}=g^{-1}(r) \tag{73}$$

我们可以计算：

$$\frac{\partial M_w}{\partial r}=Y_w\frac{d[g^{-1}(r)]}{dr}=Y_w\frac{d\left(\frac{M_w}{Y_w}\right)}{dr}<0 \tag{74}$$

其中 r 很小，庇古的假定意味着$\dfrac{d\left(\frac{M_w}{Y_w}\right)}{dr}$绝对值很大，因而$\dfrac{\partial M_w}{\partial r}$数字也很大，但为负数。

有弹性的灵活偏好表引起的后果是，工资降低的刺激作用很小。在乘数式中，不包含$\dfrac{\partial L_w}{\partial r}$的各项确包含$\dfrac{\partial S_w}{\partial r}$或$\dfrac{\partial S_w}{\partial K_w}$作为因子。庇古承认储蓄函数的这两个斜坡在数字上都很小。在一种有限的情况中，各个项的数值趋近于零而灵活偏好函数则趋向于有无限的利息弹性，我们得到

$$\lim_{\substack{\frac{\partial S_w}{\partial r}\to 0\\ \frac{\partial S_w}{\partial K_w}\to 0\\ \frac{\partial L_w}{\partial r}\to -\infty}}\frac{dY_w}{dM_w}=-\frac{\frac{\partial S_w}{\partial M_w}}{\frac{\partial S_w}{\partial Y_w}} \tag{75}$$

乘数的大小取决于$\dfrac{\partial S_w}{\partial M_w}$及$\dfrac{\partial S_w}{\partial Y_w}$的相对大小。决定乘数的惟一办法

是获得关于储蓄函数的参数的数量估计。经济统计的结果表明$\frac{\partial S_w}{\partial Y_w}$近于0.2或0.3，但在考虑到所有其他变数时，我们就会发现过去的资料从未表明S_w和M_w之间有何重要关系。$\frac{\partial S_w}{\partial M_w}$可能在数字上很小。这和庇古所述$\frac{\partial S_w}{\partial K_w}$可能很小是相一致的。从演绎可以得知，$M_w$和$K_w$各对$S_w$的影响和其大小同一次序。

庇古虽对储蓄函数有所修正，但也无法从预期的通货紧缩局面中概括出结论。在这种情况下，即使我们承认工资的伸缩性，也不能立即得到充分就业。在出现失业时，工人在竞求工作中会继续减低工资，但对就业的增加没有多大刺激力量，工资进一步下降的预期肯定还会发展。生产者因预期工资会继续下降而推迟行动；价格会受压抑，经济会在绝望的螺旋中走向下坡。和以前一样，我们介绍刚性的工资这一条件目的乃在表明体系会停留在不完全均衡的情况中而不会因通货紧缩的螺旋而崩溃。

不过，有一个可以称之为极端古典的情况，在这一情况中可以得到庇古的结论，但这不是从他的假定中推论出来的。在凯恩斯以下的一段话中包含了这一情况的一个重要方面：

在一静态社会中，或不论为什么理由，社会上没有什么人对未来利率感觉不确定，则在均衡状态时，灵活偏好函数L_2——也可以称之为贮钱倾向——常等于零。…假使我们可以衡量本期产品之数量及价格，用O及P表示之，则Y＝OP，故MV＝OP，此即货币数量说之传统形式。①

① 《通论》，第208—209页。

如果我们假定，作为静止状态的一个特点，对于未来利率没有不确定的感觉，则灵活偏好方程式可以用数量方程式代替，工资降低的后果对就业有利。从这一情况可以推知

$$\frac{dY_w}{dM_w}=\frac{1}{\frac{\partial L_w}{\partial Y_w}} \tag{76}$$

乘数为现金余额的收入流通速度（或为马歇尔的“k”的例数）。对美国而言，这一数值估计为 2 或 3；因之在这一情况下，可以预期工资降低会得到有利的结果，工资降低会迅速恢复充分就业，避免超通货紧缩的悲惨后果。如果这一模型是古典经济学家心目中的静止状态，则他们的假定或许有几分正确。

图书在版编目(CIP)数据

凯恩斯的革命/(美)劳伦斯·克莱因著;薛蕃康译.—
北京:商务印书馆,2021(2024.4重印)
(汉译世界学术名著丛书)
ISBN 978-7-100-19498-3

Ⅰ.①凯… Ⅱ.①劳… ②薛… Ⅲ.①凯恩斯主义
Ⅳ.①F091.348

中国版本图书馆CIP数据核字(2021)第035532号

汉译世界学术名著丛书
凯恩斯的革命
〔美〕劳伦斯·克莱因 著
薛蕃康 译

商 务 印 书 馆 出 版
(北京王府井大街36号 邮政编码100710)
商 务 印 书 馆 发 行
北京虎彩文化传播有限公司印刷
ISBN 978-7-100-19498-3

2021年4月第1版 开本850×1168 1/32
2024年4月北京第4次印刷 印张7½
定价:45.00元